Vegetarische Küche
für Singles

herausgegeben von Claudia Boss-Teichmann

Sie suchen fleischlose Genießerrezepte für eine Person und Sie sind anspruchsvoll? Die Gerichte sollen schnell und einfach zuzubereiten, aber trotzdem raffiniert und köstlich sein? In diesem Buch finden Sie die ganze Palette der Zutaten und Zubereitungsarten für jeden Geschmack und jede Gelegenheit. Dazu viele Tipps zum Zeit sparenden Kochen, cleveren Einkaufen und zur klugen Vorratshaltung.

W0172613

Inhalt

Alle Rezepte
auf einen Blick

	Seite	kcal je Portion	leicht	preiswert	einfach	exotisch	Reste	schnell	low fat	Vitalstoffe
Feta-Sandwich mit Olivenpesto	10	460			+			+		
Panini mit Ricottacreme	12	390	+	+	+					
Sprossensandwich	13	180	+	+	+			+	+	+
Gemüse-Hüttenkäse-Wrap	14	390	+			+		+	+	+
Auberginendip	16	250	+			+	+			
Kerbel-Radieschen-Creme	17	405		+	+		+			+
Frittierte Tomaten	18	180	+	+		+		+		
Gebratene Paprikaschoten	19	190	+	+	+			+		+
Mirabellenpfannkuchen	20	700		+	+					
Pfannkuchen mit Melonenspalten	21	490		+	+				+	
Rot-gelbe Paprikasuppe	22	250	+	+	+					+
Chicoréesuppe	24	210	+	+	+			+		+
Grüne Asia-Suppe	25	340	+	+		+			+	+
Kartoffel-Brunnenkresse-Suppe	26	480	+		+					+
Nudelsuppe mit roten Linsen	27	480		+	+		+		+	+
Italienischer Pilzsalat	28	390	+		+					+
Spinatsalat mit Roquefort	30	350	+					+		+
Gebratene Pilze mit Feldsalat	31	360	+	+	+			+		
Italienischer Brotsalat	32	570		+	+			+		+
Orientalischer Salat	33	520			+	+	+			+
Nudel-Mais-Salat mit Feigen	34	620		+	+		+	+		
Kartoffelsalat mit Käsedressing	35	500			+		+			+

	Seite	kcal je Portion	leicht	preiswert	einfach	exotisch	Reste	schnell	low fat	Vitalstoffe
Warmer Schafskäse mit Gemüse	36	510	+	+	+					+
Gemüsecurry mit Joghurt	38	200	+	+	+	+			+	+
Linsencurry	39	520	+		+	+	+	+	+	
Mexikanischer Reis	40	490	+	+	+		+		+	+
Indischer Kokosreis	41	475	+		+	+				
Kartoffelecken mit Zucchinisalat	42	450	+	+	+		+		+	+
Kartoffeln mit scharfer Käsesauce	44	400	+	+		+	+			
Kartoffelpuffer mit Quark	45	690		+	+			+		+
Tagliatelle mit Brokkoli	46	530	+	+	+			+	+	+
Blitznudelauflauf	47	990		+	+		+	+		
Nudel-Gemüse-Eintopf	48	650		+						+
Schmorgurken-Pfifferling-Gemüse	50	310	+		+				+	+
Kartoffelcurry mit Aprikosen	51	470	+	+	+		+			+
Pikanter Spargel im Tortillamantel	52	505	+			+			+	+
Spinatauflauf mit dreierlei Käse	54	860			+		+			+
Scharfer Mais-Kartoffel-Auflauf	55	780		+	+	+	+			
Farfalle mit Pilzsauce	56	650			+					+
Nudelrösti mit Möhrensauce	57	690		+			+			+
Penne mit Tomaten-Paprika-Sauce	58	510	+	+					+	+
Kräuterrisotto	60	480	+		+					+
Rote-Bete-Risotto	61	360	+	+	+				+	+

Vegetarische Singleküche – gesund, unkompliziert und lecker

Als Single hat man es in der Küche nicht leicht: Viele Rezepte sind viel zu aufwändig für nur eine Portion. Daher ist es kein Wunder, dass Singles öfter essen gehen oder das Pizzataxi anrufen. Hat man sich entschlossen, vegetarisch zu leben, wird alles scheinbar noch komplizierter. Doch dieses Buch soll das Gegenteil zeigen – vegetarische Singleküche kann gesund, einfach und köstlich sein!

Vegetarische Ernährung – was ist das?

Es gibt drei Arten, sich vegetarisch zu ernähren:

- **Ovo-lakto-vegetabile Ernährung:** Die meisten Vegetarier praktizieren diese Kostform. Dabei werden weder Fleisch noch Fisch, aber Eier und Milchprodukte verzehrt.
- **Lakto-vegetabile Ernährung:** Ihre Anhänger verzichten auf Fleisch, Fisch und Eier, essen aber Milch und Milchprodukte.
- **Vegane Ernährung:** Veganer ernähren sich nur von pflanzlichen Produkten, lehnen alle Tiererzeugnisse ab und verzichten meist auch auf Gebrauchsgegenstände aus Leder.

Vegetarische Ernährung bringt gesundheitliche Vorteile mit sich. Studien zeigten, dass das Risiko, an Zivilisationskrankheiten wie Herz- und Kreislauferkrankungen, Gicht oder Diabetes zu erkranken, bei Vegetariern deutlich geringer als bei Mischköstlern ist. Auch Übergewicht tritt seltener auf.

Kann man sich ganz ohne Fleisch optimal mit allen Nährstoffen versorgen? Generell ist die Gefahr einer Unterversorgung gering, nur bei einigen Stoffen kann es zu Problemen kommen. Viele pflanzliche Lebensmittel enthalten nur wenig **Eisen**, daher ist eine ausreichende Versorgung mit diesem Mineralstoff für Vegetarier schwerer als für Mischköstler. Eisen aus pflanzlichen Quellen wird vom Körper zudem schlechter aufgenommen als solches aus Fleisch. So können Vegetarier ihre Eisenversorgung verbessern:

- Hülsenfrüchte, Getreide und Karotten sind gute Eisenlieferanten.
- Schmecken Sie Gerichte mit Zitronensaft ab oder trinken Sie ein Glas vitamin-C-haltigen Fruchtsaft dazu – dies kann die Ausnutzung pflanzlichen Eisens um das 7fache verbessern.
- Schwarzer Tee und Kaffee dagegen verringert die Eisenresorption um 40–50 %, daher sollte man bis zu 2 Stunden nach dem Essen darauf verzichten.

Vegetarier sind mit den meisten Vitaminen und Mineralstoffen gut versorgt, eine Ausnahme können die **Vitamine D und B$_{12}$** bilden, die nur in tierischen Lebensmitteln vorkommen.

Die besten Vitamin-D-Quellen für Vegetarier sind Pilze. Bewegt man sich jeden Tag ungefähr 30 Minuten an der frischen Luft, kann der Körper unter dem Einfluss von Sonnenlicht das benötigte Vitamin D selbst bilden.

Vitamin B_{12} wird vom Körper nur in kleinen Mengen benötigt. Da es in Milch und Milchprodukten in erheblichen Mengen vorkommt, müssen sich Lakto-Vegetarier keine Sorgen machen. Anders Veganer: Ob in milchsauer vergorenem Gemüse wie Sauerkraut oder auch Alfalfasprossen oder Algen genug für den Körper verwertbares Vitamin B_{12} vorhanden ist, ist umstritten. Veganer sollten daher eine Einnahme von Vitamin-B_{12}-Präparaten erwägen.

Unser Körper braucht zwar kein Fleisch, wohl aber **Eiweiß**. Dessen Bausteine sind die Aminosäuren, von denen der Körper 8 nicht selbst bilden kann, sie müssen daher mit der Nahrung aufgenommen werden (essenzielle Aminosäuren). Während Milch und Milchprodukte diese Aminosäuren in einem günstigen Mengenverhältnis enthalten, ist es in Pflanzen nicht ideal.

Die Lösung: Eine Kombination von unterschiedlichen pflanzlichen Eiweißlieferanten schafft Abhilfe. Günstig sind z. B. Hülsenfrüchte plus Getreide (z. B. Linsen und Spätzle, Bohnen und Mais), Gemüse plus Hülsenfrüchte plus Nüsse oder Samen (z. B. ein Kichererbsen-Gemüse-Salat mit Sonnenblumenkernen) oder Gemüse plus Getreide plus Hülsenfrüchte (z. B. Vollkornnudeln mit einer Tomaten-Linsen-Sauce).

Grundsätzlich gilt auch bei vegetarischer Ernährung: Abwechslung ist Trumpf! Stehen mal Gemüse, mal Getreide, dann wieder Reis, Kartoffeln oder Tofu auf Ihrem Speiseplan, müssen Sie keine Vitamintabellen studieren! Vegane Ernährung ist nur für gesunde Erwachsene zu empfehlen, die sich ihre Ernährung kenntnisreich zusammenstellen.

Tipps für den Einkauf

Wer seinen **Einkauf plant**, widersteht der Versuchung, mehr zu kaufen, als er braucht. Überlegen Sie, wie oft Sie in der Woche zu Hause essen werden. Wählen Sie Rezepte aus und stellen Sie dann eine Einkaufsliste zusammen. So sparen Sie Zeit und Geld.

Beim Einkauf von Lebensmitteln in **Dosen und Gläsern** müssen Singles häufig tiefer in die Tasche greifen, denn diese sind umgerechnet meist teurer als Großpackungen. Verzichten Sie möglichst auf Mini-Verpackungen. Die beste Alternative dazu ist, auf dem Wochenmarkt einzukaufen.

Obst und Gemüse sollten so frisch wie möglich eingekauft werden. Haben Sie einmal wenig Zeit, ist es besser, auf Tiefkühlware zurückzugreifen, statt das Gemüse tagelang im Kühlschrank liegen zu lassen. Besorgen Sie sich einen Saisonkalender (aus einem Kochbuch oder von den Verbraucherzentralen) und kaufen Sie Obst und Gemüse in der jeweiligen Hauptsaison. Freilandprodukte sind zudem meist weniger mit Nitrat belastet als Treibhausware. Welke und vergilbte Blätter, trockene oder verholzte Schnittflächen an Stängeln oder Wurzeln sind ein Zeichen dafür, dass das Produkt überaltert ist.

Ein Kopf **Salat** ist Ihnen zu viel, und an zwei Tagen hintereinander den gleichen Salat zu essen ist eintönig? Kaufen Sie zur Abwechslung doch mal einen kleinen Radicchio, Feldsalat oder Rucola!

Bioprodukte, die das Qualitätssiegel der anerkannten ökologischen Anbauverbände (z. B. Bioland, demeter, Naturland) tragen, finden Sie in Bioläden, Reformhäusern oder auf dem Wochenmarkt. Am günstigsten ist der Einkauf direkt beim Erzeuger.

Wenn Sie gern mit Vollkornmehl backen, sollten Sie sich kleinere Mengen im Laden frisch mahlen lassen, denn das Mehl wird relativ schnell ranzig.

Möchten Sie sich konsequent vegetarisch ernähren, müssen Sie beim Einkauf die **Zutatenliste** auf der Verpackung beachten: Tierische Lebensmittel verbergen sich in Produkten, in denen man sie nicht unbedingt erwartet. Hier einige Hinweise, weitere Informationen erhalten Sie bei den Verbraucherzentralen und beim Vegetarier Bund Deutschlands e. V. in Hannover:

- Gelatine wird aus Knochen, Schwarten und anderen Produkten von Schwein und Rind gewonnen. Sie kann z. B. in Süßwaren, Joghurt- und Frischkäsezubereitungen sowie Backwaren enthalten sein.

- Fleischextrakt und Rinderfett sind Bestandteile von Nudelsuppen, Speisewürze und Brühwürfeln.

- Hühnerei kann in Teigwaren, Keksen und Milchprodukten wie Milchreis und Fertiggerichten enthalten sein.

Zusatzstoffe verbergen sich hinter den so genannten E-Nummern. Meist sind diese Stoffe künstlicher oder pflanzlicher Herkunft, bei einigen ist jedoch eine tierische Herkunft nicht auszuschließen, z. B. bei E 339–341 und 451–452, den Phosphatverbindungen. Vollständige Listen der E-Num-

mern mit Informationen, was sich dahinter verbirgt, erhalten Sie ebenfalls bei den oben genannten Organisationen.

Tipps für die Zubereitung

Wenn Sie sich neues **Kochgeschirr** kaufen, sollten Sie überlegen, ob es wirklich sinnvoll ist, kleine Größen zu kaufen. In einem mittelgroßen Topf kann man auch problemlos für eine Person kochen. Empfehlenswert ist ein Topf mit passendem Siebeinsatz zum Dämpfen: Die Inhaltsstoffe von darin gegartem Gemüse bleiben besser erhalten als beim Kochen. Auch in einem großen Wok von etwa 35 cm Durchmesser lassen sich Singlegerichte gut zubereiten. Sein Vorteil: Er erreicht höhere Temperaturen und hält diese besser als ein kleinerer. Für Aufläufe sollten Sie eine kleine ofenfeste Form haben.

Durch kluge **Vorausplanung** können Sie viel Zeit sparen – und trotzdem jeden Tag ein anderes Gericht genießen. Kochen Sie z. B. für Pastagerichte die doppelte Menge Nudeln und bereiten Sie aus dem Rest am nächsten Tag einen Nudelsalat, einen Auflauf oder ein Pfannengericht zu, bei dem Sie die Pasta mit Gemüse, Sprossen, Nüssen oder Samen nach Wahl kombinieren.

Salat waschen und klein schneiden ist lästig, und dann noch die Sauce ... Kein Grund, auf die Beilage zu verzichten – bereiten Sie eine größere Menge Vinaigrette zu und bewahren Sie diese in einem Glas mit Schraubdeckel im Kühlschrank auf. So haben Sie einen Saucenvorrat für die ganze Woche.

Tipps für die Vorratshaltung

Bei **kalt gepressten Ölen** gilt die Regel nicht, möglichst keine kleinen Verpackungseinheiten zu kaufen. Da hochwertige Öle schnell ranzig werden, sollten Sie kleine Flaschen kaufen und diese dunkel, am besten in einem Vorratsschrank, lagern.

Stellen Sie neu gekaufte Ware im Vorratsschrank immer nach hinten. Alle angebrochenen Vorräte in fest verschließbare Gläser oder Plastikschüsseln umfüllen.

Empfindliche **Gemüse und Kräuter** lassen sich auf zwei Arten im Gemüsefach des Kühlschranks frisch halten: Zarte Blättchen wie Kräuter, Löwenzahn oder Spinat gibt man in einen Gefrierbeutel, pustet diesen auf und verknotet ihn. Oder man wickelt das Gemüse in ein feuchtes Küchentuch. So kann man auch bereits geschälten Spargel und geschälte Möhren frisch halten.

Viele Singles haben nur ein Eisfach im Kühlschrank – doch gerade in einem Ein-Personen-Haushalt würde ein kleiner **Gefrierschrank** vieles erleichtern. Nur zwei Beispiele: Gemüsesaucen oder -suppen können Sie gleich in größeren Mengen zubereiten und einfrieren. Warum nicht ganz für sich allein mal einen Kuchen backen? Frieren Sie Reste einfach portionsweise ein!

Die Rezepte

Feta-Sandwich mit Olivenpesto

- leicht
- preiswert
- **einfach**
- exotisch
- Reste
- **schnell**
- low fat
- Vitalstoffe

Zutaten

30 g schwarze Oliven

$^1/_2$ Knoblauchzehe · $^1/_2$ EL Olivenöl · etwas schwarzer Pfeffer aus der Mühle

80 g Feta am Stück · $^1/_2$ kleine rote Zwiebel · einige Blätter Eichblattsalat

2 Scheiben Sandwich-Toast

Für 1 Person
Zubereitungszeit: ca. 20 Min.
ca. 460 kcal je Portion

1 Für das Pesto die Oliven entsteinen, fein hacken und in eine kleine Schüssel geben.

2 Die Knoblauchzehe schälen, durch eine Knoblauchpresse drücken und zu den Oliven geben. Alles miteinander vermengen. Das Olivenöl unter die Oliven-Knoblauch-Mischung rühren und das Ganze pfeffern.

3 Den Käse in Scheiben schneiden und würfeln. Die Zwiebel schälen und in dünne Ringe schneiden. Die Salatblätter waschen und trockenschleudern.

4 Die Toastscheiben rösten und halbieren. Zwei Hälften mit einigen Salatblättern belegen. Die Käsewürfel und die Zwiebelringe auf die Salatblätter geben und alles mit dem Olivenpesto bestreichen. Zum Schluss die anderen Toasthälften darauf legen.

Feta
Feta ist ursprünglich ein in Lake eingelegter, halbfester Frischkäse mit meist 50 % Fett. i. Tr., der ausschließlich aus Schafsmilch hergestellt wird. Heute sind viele Käse erhältlich, die zwar auf ähnliche Weise, aber aus Kuhmilch produziert werden. Daher sollten Sie genau aufs Etikett schauen, wenn Sie einen kräftiger schmeckenden Käse aus Schafsmilch kaufen möchten.

Restetipp
Supermärkte haben meist nur Feta im Angebot, der in Portionen von 200 g abgepackt ist – zu viel für dieses Singlerezept! Verwenden Sie den Rest für den „Warmen Schafskäse mit Gemüse" (siehe S. 36). Fest in die Verpackung eingewickelt, hält sich der Feta einige Tage im Kühlschrank.

Panini mit Ricottacreme

● leicht

● preiswert

● einfach

● exotisch

● Reste

● schnell

● low fat

● Vitalstoffe

Zutaten

50 g Ricotta · 1 EL Frischmilch · etwas Salz · etwas schwarzer Pfeffer aus der Mühle

$^1/_4$ Bund frische Kräuter (z. B. Basilikum, Oregano, Rosmarinnadeln, Thymian, Petersilie) · $^1/_2$ kleine rote Zwiebel

1 italienisches Brötchen (z. B. Mailänder Brötchen)

Für 1 Person
Zubereitungszeit: ca. 15 Min.
ca. 390 kcal je Portion

1 Den Ricotta mit der Frischmilch cremig verrühren und mit Salz und Pfeffer abschmecken.

2 Die Kräuter waschen, trockentupfen, mit einem Wiegemesser fein schneiden und unter die Ricottacreme rühren. Die rote Zwiebel schälen und in Ringe schneiden.

3 Das Brötchen aufschneiden und die untere Hälfte mit der Ricottacreme bestreichen. Die Zwiebelscheiben darauf verteilen, sodass diese teilweise die Brötchenhälfte überlappen. Die obere Brötchenhälfte aufsetzen und etwas andrücken.

Ricotta
Ricotta, ein Frischkäse, wurde ursprünglich nur aus Schafsmilchmolke hergestellt, heute aber auch aus Kuhmilchmolke. In Italien gibt es viele Sorten, bei uns sind vor allem zwei im Handel: Der ungesalzene *Ricotta tipo dolce*, der sich z. B. für die Herstellung von Süßspeisen eignet und eine geschmeidige Konsistenz hat, und der *Ricotta salata*, der gesalzene Ricotta, der meist durch längeres Abtropfen auch fester ist. Letzterer kann gerieben zum Überbacken verwendet werden.

Zutaten

1 kleine Tomate · 50 g Quark ·
1 TL gehackter Schnittlauch ·
etwas Salz · etwas weißer
Pfeffer aus der Mühle · etwas
Zitronensaft

1 Vollkornstange

je 1 EL Alfalfasprossen, Soja-
bohnensprossen und Adzuki-
bohnensprossen · 1 hart
gekochtes Ei · etwas Butter

Für 1 Person
Zubereitungszeit: ca. 15 Min.
ca. 180 kcal je Portion

Sprossensandwich

1 Die Tomaten halbieren und die Kerne und
Zwischenwände mit einem Löffel heraus-
kratzen. Den Quark mit dem Schnittlauch
und dem Tomateninneren verrühren und
alles mit Salz, Pfeffer und Zitronensaft abschmecken.

2 Die Brotstange längs durchschneiden
und die untere Brothälfte mit dem Quark
bestreichen.

3 Die Sprossen waschen und gut abtropfen
lassen. Das Ei schälen und in Scheiben
schneiden. Die untere Brothälfte mit Sprossen und Ei belegen, die obere mit Butter bestreichen und darauf setzen.

Tipps

Wenn Sie Ihrer Gesundheit etwas
Gutes tun wollen, sollten Sie öfter
Sprossen essen, denn sie enthalten
besonders viele Vitamine.
Wer keine Probleme mit dem Choles-
terinspiegel hat, sollte sich ab und
zu ein Ei gönnen, denn das darin
enthaltene Vitamin B_{12} hält unsere
grauen Zellen auf Trab. Somit ist dieses Sandwich die ideale Zwischen-
mahlzeit für „Kopfarbeiter".
Garnieren Sie das Sandwich vor dem
Zusammenlegen nach Belieben mit
frischen Kräutern.

leicht ◐
preiswert ◐
einfach ◐
exotisch ◐
Reste ◐
schnell ◐
low fat ◐
Vitalstoffe ◐

Gemüse-Hüttenkäse-Wrap

- ⊕ leicht
- ⊖ preiswert
- ⊖ einfach
- ⊕ exotisch
- ⊖ Reste
- ⊕ schnell
- ⊕ low fat
- ⊕ Vitalstoffe

Zutaten

$^1/_2$ unbehandelte Zitrone ·
50 g körniger Frischkäse ·
etwas Salz · etwas schwarzer
Pfeffer aus der Mühle

1 Tomate · 1 kleine Möhre

$^1/_2$ gelbe Paprikaschote ·
1 Frühlingszwiebel · $^1/_4$ Bund
Basilikum

2 Blätter grüner Salat

1 EL Kürbiskerne · 1 Kräuter-
Tortilla

Für 1 Person
Zubereitungszeit: ca. 30 Min.
ca. 390 kcal je Portion

1 Die Zitrone heiß waschen, die Schale abreiben, den Saft auspressen und 1 EL abmessen. Die Zitronenschale mit dem Frischkäse mischen und alles salzen und pfeffern.

2 Die Tomate waschen, quer halbieren und entkernen. Das Fruchtfleisch klein würfeln und auf Küchenkrepp abtropfen lassen. Die Möhre schälen, grob raspeln und mit dem Zitronensaft mischen.

3 Die Paprikaschote waschen, vierteln und in Würfel schneiden. Die Frühlingszwiebel putzen, waschen und in Ringe schneiden. Das Basilikum waschen, trockentupfen und die Blättchen in Streifen schneiden.

4 Frischkäse, Tomate, Möhre, Paprika, Basilikum und Frühlingszwiebel mischen. Alles salzen und pfeffern. Die Salatblätter waschen und trockenschleudern.

5 Die Kürbiskerne nach Belieben grob hacken oder ganz lassen, in einer Pfanne ohne Fettzugabe hellbraun rösten und zum Frischkäse geben. Die Tortillas erwärmen, mit den Salatblättern belegen und die Frischkäse-Gemüse-Mischung darauf verteilen. Die Tortillas zusammenrollen und servieren.

Tipps

Wrap ist die Bezeichnung für einen trendigen Snack, der aus einer phantasievoll gefüllten und zusammengerollten Tortilla besteht.
Die Tortilla können Sie entweder selbst backen oder fertig kaufen. Sie bekommen sie im Supermarkt oder in Spezialitätenläden für mexikanische oder amerikanische Küche. Für die Wraps sollten Sie Tortillas aus Weizenmehl verwenden, da sich diese besser zusammenrollen lassen als die knusprigen Maismehl-Tortillas.

Zutaten

1 kleine Aubergine · etwas Salz

$^1/_2$ Knoblauchzehe · $^1/_2$ EL Zitronensaft · 25 g Sesammus (Tahini, aus dem Reformhaus) · $^1/_2$ EL Olivenöl · etwas schwarzer Pfeffer aus der Mühle · etwas frische Minze

Für 1 Person
Zubereitungszeit: ca. 40 Min.
Ziehzeit: ca. 15 Min.
ca. 250 kcal je Portion

Auberginendip

- ⊕ leicht
- ⊖ preiswert
- ⊖ einfach
- ⊕ exotisch
- ⊕ Reste
- ⊖ schnell
- ⊖ low fat
- ⊖ Vitalstoffe

1 Die Aubergine waschen und längs halbieren. Die Hälften mit Salz bestreuen und 10–15 Minuten ziehen lassen.

2 Den Backofen auf 200 °C (Umluft 170 °C; Gas Stufe 3) vorheizen. Die Aubergine mit Küchenkrepp abtupfen, mit den Schnittflächen nach oben auf ein Backblech legen und auf der mittleren Schiene im Ofen etwa 20 Minuten backen, bis das Fruchtfleisch weich ist.

3 Die Auberginen etwas abkühlen lassen und die Schale abziehen. Die Knoblauchzehen schälen und mit Auberginenfleisch, Zitronensaft und Sesammus im Mixer pürieren. Das Püree mit Salz und Pfeffer abschmecken und mit einigen Minzeblättchen garnieren.

Restetipp
Bereiten Sie die doppelte Menge Dip zu. Backen Sie am nächsten Tag die Kartoffelecken von S. 42 und essen Sie dazu statt des Zucchinidips den restlichen Auberginendip.

Tipp
Zum Auberginendip passt Fladenbrot. Für eine Person haben die kleineren Sesamringe die richtige Größe.

Kerbel-Radieschen-Creme

Zutaten

100 g Doppelrahmfrischkäse ·
1 EL Sahne · 5 Radieschen ·
$^1/_2$ kleine Zwiebel · 1 kleine Knoblauchzehe · je 1 EL Petersilie und
Schnittlauch, gehackt · 2 EL gehackter Kerbel

etwas Salz · etwas weißer Pfeffer
aus der Mühle · 1 Spritzer Sojasauce

1 Den Frischkäse mit der Sahne glatt
rühren. Die Radieschen, die Zwiebel, die
Knoblauchzehe und die Kräuter sehr fein
hacken und mit dem Frischkäse vermischen.

2 Die Kräutercreme mit Salz, Pfeffer und
Sojasauce würzen und dann mindestens
1 Stunde in den Kühlschrank stellen.

leicht ⊖
preiswert ⊕
einfach ⊕
exotisch ⊖
Reste ⊕
schnell ⊖
low fat ⊖
Vitalstoffe ⊕

Für 1 Person
Zubereitungszeit: ca. 15 Min.
Kühlzeit: ca. 1 Std.
ca. 405 kcal je Portion

Restetipp
Bereiten Sie die dop-
pelte Menge der Cre-
me zu und essen Sie
den Rest am nächsten
Tag zu Kartoffelpuf-
fern (siehe S. 45).

Tipps
Diese Creme können Sie je
nach Marktangebot auch mit
anderem Gemüse und ande-
ren Kräutern zubereiten.
Die Creme schmeckt beson-
ders gut auf frischem Weißbrot. Garnieren Sie das Brot
zusätzlich mit einem Kerbel-
zweig und klein geschnittenen Radieschen.

Zutaten

2 halbreife, hellrote Tomaten

20 g Weizenmehl · 20 g Mais-
mehl · 1 TL brauner Zucker ·
etwas Salz · etwas schwarzer
Pfeffer aus der Mühle

Sojaöl zum Frittieren

Für 1 Person
Zubereitungszeit: ca. 20 Min.
ca. 180 kcal je Portion

Frittierte Tomaten

- ⊕ leicht
- ⊕ preiswert
- ⊖ einfach
- ⊕ exotisch
- ⊖ Reste
- ⊕ schnell
- ⊖ low fat
- ⊖ Vitalstoffe

1 Die Tomaten waschen und anschließend in ungefähr $^1/_2$–1 cm dicke Scheiben schneiden.

2 Auf einem tiefen Teller die Mehlsorten mit Zucker, Salz und Pfeffer vermischen. Die Tomatenscheiben darin wenden. Über-schüssiges Mehl abschütteln.

3 Reichlich Öl in einer tiefen Pfanne auf etwa 180 °C erhitzen. Die Tomaten darin nach und nach von beiden Seiten goldbraun frittieren.

Tipp
Dieses Rezept stammt aus den Südstaaten der USA. Dort verwendet man dafür grüne, unreife Tomaten. Da diese jedoch das gesund-heitsschädliche Solanin ent-halten, sollten Sie lieber hell-rote, möglichst feste Früchte verwenden.

Zutaten

200 g schmale, blassgrüne Paprikaschoten · Mehl zum Wenden

1 ¹/₂ EL Olivenöl

1 EL Weißweinessig · etwas Salz ·
etwas schwarzer Pfeffer aus der
Mühle

Für 1 Person
Zubereitungszeit: ca. 15 Min.
ca. 190 kcal je Portion

Gebratene Paprikaschoten

1 Die Paprikaschoten waschen, mit einer Gabel mehrmals einstechen und noch feucht in Mehl wenden. Überschüssiges Mehl leicht abklopfen.

2 Das Öl in einer Pfanne erhitzen und darin die Paprikaschoten bei mittlerer Hitze rundum goldbraun braten.

3 Die Paprikaschoten auf einen Teller geben und jeweils mit etwas Essig beträufeln. Alles mit Salz und Pfeffer würzen.

Tipp
Die kleinen, blassgrünen Paprikaschoten sind oft in ausländischen Gemüseläden im Angebot. Ihre Haut ist zarter als die der größeren Sorten, daher sind sie besser verdaulich.

leicht ⊕
preiswert ⊕
einfach ⊕
exotisch ⊖
Reste ⊖
schnell ⊕
low fat ⊖
Vitalstoffe ⊕

Zutaten

Für den Pfannkuchenteig
1 Kapsel Kardamom oder 1 Prise Kardamompulver · 50 g Weizenmehl (Type 1050) · $1/2$ TL Backpulver · 1 Prise Salz
1 frisches Ei · 125 ml Milch
1 EL Butter oder Margarine zum Ausbacken
Außerdem
125 g Mirabellen
75 g Sahnejoghurt · $1/2$ EL Ahornsirup · 1 TL Pistazienkerne · Pfefferminzblättchen · Puderzucker

Für 1 Person
Zubereitungszeit: ca. 30 Min.
Quellzeit: ca. 30 Min.
ca. 700 kcal je Portion

Mirabellenpfannkuchen

- leicht
- preiswert
- einfach
- exotisch
- Reste
- schnell
- low fat
- Vitalstoffe

1 Kardamomsamen aus der Kapsel lösen und im Mörser zerkleinern. Mehl, Backpulver und Salz in eine Schüssel geben. In die Mitte eine Mulde drücken.

2 Das Ei trennen. Das Eigelb in die Mulde geben und mit der Milch verrühren, dabei den Kardamom unterrühren; es dürfen keine Klümpchen entstehen. Den Teig etwa 30 Minuten quellen lassen.

3 Das Eiweiß steif schlagen und unter den Teig ziehen. Butter oder Margarine in einer Pfanne erhitzen, den Teig hineingeben und einige Mirabellen darauf verteilen. Den Pfannkuchen bei mittlerer Hitze von beiden Seiten goldbraun backen.

4 Den Joghurt mit dem Ahornsirup verrühren, auf die fertigen Pfannkuchen geben und die restlichen Mirabellen darauf verteilen. Die Pistazienkerne hacken. Den Pfannkuchen mit Pfefferminzblättchen, Puderzucker und Pistazien garnieren.

Tipp
Damit der Pfannkuchenteig besonders locker ist, wird das Eiweiß in diesem und dem folgenden Rezept steif geschlagen und dann unter den Teig gehoben. Wenn Sie einen festeren, flachen Pfannkuchen bevorzugen, rühren Sie das ganze Ei unter das Mehl.

Pfannkuchen mit Melonenspalten

Zutaten

Für die Melone

$^1/_4$ Honigmelone · 1 EL Portwein
einige Blättchen Zitronenmelisse ·
etwas Puderzucker

Für den Pfannkuchenteig

40 g Roggenmehl (Type 1150) ·
1 gehäufter EL Weizenmehl
(Type 1050) · $^1/_2$ TL Backpulver ·
1 Prise Salz

1 frisches Ei · 125 ml Zitronenbut-
termilch (Fertigprodukt)

1 EL Butter oder Margarine zum
Ausbacken

leicht ⊖

preiswert ⊕

einfach ⊕

exotisch ⊖

Reste ⊖

schnell ⊖

low fat ⊕

Vitalstoffe ⊖

Für 1 Person
Zubereitungszeit: ca. 30 Min.
Marinierzeit: ca. 1 Std.
Quellzeit: ca. 30 Min.
ca. 490 kcal je Portion

1 Die Melone halbieren, entkernen, schälen und das Melonenfleisch in Spalten
schneiden. Melonenspalten mit Portwein
beträufeln und etwa 1 Stunde marinieren.

2 Für den Teig Mehl, Backpulver und Salz
in eine Schüssel geben. In die Mitte eine
Mulde drücken.

3 Das Ei trennen, das Eigelb in die Mulde
geben und mit dem Mehl verrühren. Die
Buttermilch nach und nach darunter rühren;
es dürfen keine Klümpchen entstehen. Den
Teig etwa 30 Minuten quellen lassen.

4 Das Eiweiß steif schlagen und unter den
Teig ziehen. Butter oder Margarine in einer Pfanne erhitzen, den Teig hineingeben
und den Pfannkuchen bei mittlerer Hitze
von beiden Seiten goldbraun backen.

5 Den Pfannkuchen mit den Melonenspalten belegen, einmal zusammenklappen
und mit Zitronenmelisseblättchen und
Puderzucker verzieren.

Tipp
Wer nur ab und zu kleinere
Mengen Vollkornmehl benö-
tigt, sollte nicht zu viel davon
auf Vorrat kaufen, denn es
verdirbt schneller als helles
Mehl. Am besten lassen Sie
sich das Mehl nach Bedarf
frisch im Reformhaus oder
Bioladen mahlen.

Rot-gelbe Paprikasuppe

- **+** leicht
- **+** preiswert
- **+** einfach
- **−** exotisch
- **−** Reste
- **−** schnell
- **−** low fat
- **+** Vitalstoffe

Zutaten

1 rote Paprikaschote (etwa 200 g) · $1/2$ gelbe Paprikaschote · 1 Schalotte · 1 kleiner Zweig Thymian · 1 kleiner Zweig Rosmarin

1 EL Sonnenblumenöl

200 ml Gemüsebrühe (Instant)

2 EL Sahne · etwas Salz · etwas schwarzer Pfeffer aus der Mühle · etwas Paprikapulver edelsüß

Rosmarin- und Thymianzweige zum Garnieren, nach Belieben

Für 1 Person
Zubereitungszeit: ca. 40 Min.
ca. 250 kcal je Portion

Variationen
Wenn Sie die Suppe schärfer mögen, können Sie zusätzlich $1/2$ entkernte und in Ringe geschnittene Chilischote mitgaren.
Bestreuen Sie die Suppe nach Belieben mit frischen Kräutern.

1 Die Paprikaschoten waschen, halbieren, die Stielansätze, die weißen Trennwände sowie die Kerne entfernen und das Fruchtfleisch in kleine Würfel schneiden. Die roten und gelben Paprikawürfel trennen. Die Schalotte schälen und fein hacken. Den Thymian und Rosmarin waschen und trockentupfen.

2 Etwa 2 TL Öl in einem großen Topf erhitzen. Von den Schalotten 1 TL zurückhalten, die restlichen Würfel im Öl andünsten. Die roten Paprikawürfel dazugeben, kurz anbraten und mit etwa 125 ml Brühe ablöschen. Das Ganze zum Kochen bringen. Das Lorbeerblatt, den Thymian- und Rosmarinzweig hinzufügen und die Suppe in etwa 15 Minuten gar kochen.

3 In einem Topf das restliche Öl erhitzen und die restlichen Schalotten andünsten. Die gelben Paprikawürfel dazugeben und kurz anbraten, dann die restliche Brühe angießen. Das Ganze zum Kochen bringen und etwa 10 Minuten köcheln lassen.

4 Aus der roten Paprikasuppe das Lorbeerblatt und die Gewürzzweige entfernen. Beide Suppen mit einem Pürierstab zu einer glatten Masse pürieren. Die Sahne unter die nicht mehr kochende rote Paprikasuppe rühren. Das Ganze mit Salz, Pfeffer und Paprika abschmecken.

5 Die rote Paprikasuppe in einen tiefen Teller geben und vorsichtig eine kleine Kelle gelbe Paprikasuppe hinzugeben. Nach Belieben die Suppe mit Kräuterzweigen garnieren.

Chicoréesuppe

Zutaten

125 g Chicorée

1 Schalotte · ¹/₂ EL Butter ·
1–2 TL Zitronensaft · 1 TL Mehl ·
200 ml Gemüsebrühe (Instant)

2–3 EL Sahne · etwas Salz ·
etwas schwarzer Pfeffer aus der
Mühle · etwas Muskatnuss ·
Schnittlauchröllchen nach Belieben

Für 1 Person
Zubereitungszeit: ca. 20 Min.
ca. 210 kcal je Portion

1 Den Chicorée waschen und putzen. Die Stauden quer in schmale Ringe schneiden. Die zarten Spitzen zugedeckt zum Gar-
nieren beiseite legen.

2 Die Schalotte schälen und klein würfeln. Die Butter in einem Topf aufschäumen
lassen und darin die Schalottenwürfel glasig
werden lassen. Den Chicorée kurz mit anschwitzen, mit Zitronensaft beträufeln und
mit Mehl bestäuben. Die Brühe dazugießen.

3 Die Brühe aufkochen lassen. Die Suppe zugedeckt bei schwacher Hitze etwa
10 Minuten köcheln lassen. Alles im Mixer
pürieren und zurück in den Topf geben. Die
Sahne dazugießen und die Suppe wieder
aufkochen lassen. Die Suppe mit Salz, Pfeffer und Muskat abschmecken, mit dem bei-
seite gelegten Chicorée garnieren und nach
Belieben mit den Schnittlauchröllchen bestreuen.

Chicorée
Frische Chicoréekol-
ben können Sie prob-
lemlos 1 Woche auf-
bewahren. Das
Gemüse sollte kühl
und dunkel gelagert
werden und ist daher
im Gemüsefach des
Kühlschranks am bes-
ten aufgehoben.

Zutaten

80 g Zuckerschoten · 2 Frühlingszwiebeln · ¹/₂ grüne Paprikaschote

¹/₂ grüne Chilischote · 1 kleines
Stück Ingwer

375 ml Gemüsebrühe (Instant) ·
30 g Reis

1 Zweig Koriandergrün · ¹/₂ EL
Reiswein · ¹/₂ EL helle Sojasauce · etwas Salz · etwas
schwarzer Pfeffer aus der Mühle

Für 1 Person
Zubereitungszeit: ca. 40 Min.
ca. 340 kcal je Portion

Grüne Asia-Suppe

1 Das Gemüse waschen. Die Zuckerschoten putzen und in mundgerechte Stücke
schneiden. Die Frühlingszwiebeln putzen
und in Ringe schneiden. Die Paprikaschote
vierteln, Stielansätze, Trennwände und
Kerne entfernen und das Fruchtfleisch in
etwa ¹/₂ cm große Würfel schneiden.

2 Die Chilischote längs halbieren. Trennwände, Kerne und Stielansätze entfernen
und die Schote klein hacken. Wenn man
nicht mit Haushaltshandschuhen arbeitet,
danach sofort die Hände waschen. Den Ingwer schälen und fein reiben.

3 Die Brühe zum Kochen bringen, das
Gemüse, die Chilischote und den Ingwer
hineingeben, den Reis einstreuen und alles
zugedeckt bei mittlerer Hitze etwa 20 Minuten köcheln lassen.

4 Inzwischen das Koriandergrün waschen,
trockentupfen und die Blätter von den
Stielen zupfen. Die Suppe mit Reiswein, Sojasauce, Salz und Pfeffer abschmecken und
mit dem Koriandergrün garniert servieren.

leicht ●
preiswert ●
einfach ⊖
exotisch ●
Reste ⊖
schnell ⊖
low fat ●
Vitalstoffe ●

Koriandergrün
Das empfindliche Koriandergrün können Sie höchstens
1 Tag im Kühlschrank aufbewahren, denn die Blättchen
werden schnell welk. Wenn
Sie dieses Kraut gern essen,
empfiehlt es sich, es aus Ko-
riandersamen in einem Topf
selbst zu ziehen.

Zutaten

2 kleine Schalotten · 200 g Kartoffeln · 140 g Brunnenkresse

2 TL Butter

300 ml Hühnerbrühe (Instant) · 100 ml Milch

4 EL Sahne · etwas geriebene Muskatnuss · etwas Salz · etwas schwarzer Pfeffer aus der Mühle

1 EL Schnittlauchröllchen

Für 1 Person
Zubereitungszeit: ca. 45 Min.
ca. 480 kcal je Portion

Kartoffel-Brunnenkresse-Suppe

- ⊕ leicht
- ⊖ preiswert
- ⊕ einfach
- ⊖ exotisch
- ⊖ Reste
- ⊖ schnell
- ⊖ low fat
- ⊕ Vitalstoffe

1 Die Schalotten schälen und grob hacken. Die Kartoffeln schälen und in Stücke schneiden. Die Brunnenkresse waschen und trockentupfen. Einige Blättchen für die Garnierung zurücklegen.

2 Die Butter in einem großen Topf erhitzen und darin die Schalotten bei schwacher Hitze unter gelegentlichem Rühren glasig braten, auf keinen Fall braun werden lassen.

3 Die Kartoffeln zu den Schalotten geben, Brühe und Milch zugießen. Alles aufkochen lassen und zugedeckt etwa 20 Minuten garen, bis die Kartoffeln weich sind.

4 Die Brunnenkresse hinzufügen und etwa 1/2 Minute mitköcheln. Die Suppe mit dem Mixstab kurz pürieren. So viel Sahne hinzufügen, dass die Suppe die gewünschte Farbe und Beschaffenheit hat. Mit Muskatnuss, Salz und Pfeffer abschmecken.

5 Die Suppe in eine Terrine oder in einen tiefen Teller füllen und mit den Schnittlauchröllchen und den zurückgelegten Brunnenkresseblättchen garnieren.

Brunnenkresse
Die scharf schmeckende Brunnenkresse ist nur von März bis Mai im Angebot. Nutzen Sie die Saison, den Brunnenkresse enthält wertvolle Mineralstoffe. Ihre Senföle, die auch für die Schärfe verantwortlich sind, fördern die Verdauung und sind gut für Magen und Immunsystem.

Zutaten

65 g geschälte rote Linsen ·
1 Lorbeerblatt · gekörnte Gemüsebrühe · etwas Salz

1 kleine Schalotte · ½ Knoblauchzehe · 1 Frühlingszwiebel

¼ Bund glattblättrige Petersilie ·
½ EL Olivenöl · 50 g passierte
Tomaten aus der Dose · etwas
schwarzer Pfeffer aus der Mühle

65 g Hörnchennudeln

Schnittlauchröllchen, nach
Belieben

Für 1 Person
Zubereitungszeit: ca. 50 Min.
ca. 480 kcal je Portion

Nudelsuppe mit roten Linsen

1 Die Linsen verlesen und in einem Sieb abspülen. In einen Topf geben und mit so
viel Wasser aufgießen, dass sie etwa 5 cm
hoch mit Flüssigkeit bedeckt sind. Das Lorbeerblatt, 1 TL gekörnte Gemüsebrühe und
Salz zugeben. Das Wasser aufkochen lassen
und die Linsen 10 Minuten garen, bis sie gerade weich sind. Lorbeerblatt herausnehmen.

2 Die Schalotte und die Knoblauchzehe
schälen und fein hacken. Die Frühlingszwiebel putzen, waschen und in feine Ringe
schneiden.

3 Petersilie waschen, trocknen, die Blättchen abzupfen und fein hacken. In einer
tiefen Pfanne das Öl erhitzen und darin die
Schalotte, die Frühlingszwiebelringe und
den Knoblauch anbraten. Die Tomaten und
die Hälfte der Petersilie hinzufügen. Die
Sauce mit Salz und Pfeffer abschmecken
und etwa 10 Minuten leise köcheln lassen.

4 Die Tomatensauce zu den gegarten Linsen im Wasser geben. Die Nudeln in Salzwasser nach Packungsanleitung bissfest
garen, abgießen und gut abtropfen lassen.

5 Die Nudeln in die Suppe geben und
alles kurz erwärmen. Mit Salz und Pfeffer
und nach Belieben mit Gemüsebrühe abschmecken. Mit der restlichen Petersilie
und nach Belieben mit Schnittlauchröllchen
garnieren.

leicht ⊖
preiswert ⊕
einfach ⊕
exotisch ⊖
Reste ⊕
schnell ⊖
low fat ⊕
Vitalstoffe ⊕

Rote Linsen
Sie sind die idealen Hülsenfrüchte für die schnelle
Singleküche: Rote Linsen
müssen nicht über Nacht ein-
geweicht werden und garen
in etwa 10 Minuten. Ihr einzi-
ger Nachteil: Da sie geschält
sind, enthalten sie nicht so
viele Ballaststoffe wie andere
Sorten.

Italienischer Pilzsalat

- leicht
- preiswert
- einfach
- exotisch
- Reste
- schnell
- low fat
- Vitalstoffe

Zutaten

200 g frische Champignons ·
Saft von $1/2$ Zitrone · etwas Salz ·
1 Lorbeerblatt

$1/2$ rote Paprikaschote

etwas weißer Pfeffer aus der
Mühle · 1 TL italienische Kräuter-
mischung · $1/2$ EL Balsamessig ·
2 EL kaltgepresstes Olivenöl ·
$1/2$ Knoblauchzehe

2 Scheiben Baguette · etwas
Knoblauchpaste (aus der Tube) ·
1 EL geriebener Gouda

Für 1 Person
Zubereitungszeit: ca. 30 Min.
Marinierzeit: ca. 2 Std.
ca. 390 kcal je Portion

1 Die Pilze putzen. Gut $1/4$ l Wasser mit
1 EL Zitronensaft und etwas Salz in einem Topf zum Kochen bringen. Die Pilze
mit dem Lorbeerblatt darin etwa 5 Minuten
sprudelnd kochen lassen.

2 Inzwischen die Paprikaschote putzen,
waschen und fein würfeln. Die Pilze auf
einem Küchentuch gut abtropfen lassen, mit
Küchenkrepp trockentupfen und ganz oder
in etwa $1/2$ cm dicke Scheiben geschnitten
mit den Paprikawürfeln in eine Servier-
schüssel geben.

3 Salz, Pfeffer, die Kräuter und den restlichen Zitronensaft mit dem Balsamessig
anrühren. Das Olivenöl unterschlagen. Die
Knoblauchzehe schälen und zerdrücken. Alles unter die Pilze mischen. Den Pilzsalat an
einem kühlen Platz (nicht im Kühlschrank!)
mindestens 2 Stunden marinieren lassen.

4 Die Baguette-Scheiben mit Knoblauchpaste bestreichen und mit dem geriebenen Gouda bestreuen. Das Baguette im
Backofen bei 200 °C (Umluft 170 °C; Gas
Stufe 3) etwa 10 Minuten überbacken und
zum Pilzsalat servieren.

Variation

Essen Sie zu diesem Salat statt des
Knoblauch-Baguettes Bruschetta mit
Tomatenwürfeln. Dafür 1 große Tomate enthäuten, entkernen, würfeln
und mit frischem Oregano, Salz und
Pfeffer mischen. Die Baguette-Scheiben im Toaster oder unter dem
Backofengrill rösten, mit dem Toma-
tenhack belegen und mit etwas Olivenöl beträufeln.

Tipp

Sie können den Pilzsalat
auch am Vortag zubereiten,
dann zieht er besonders gut
durch. Sie sollten ihn dann
aber in den Kühlschrank
stellen.

Zutaten

150 g frischer junger Blattspinat ·
2 kleine Tomaten

25 g Roquefort · 2 EL Milch · 2 EL
Weißweinessig · 2 EL Olivenöl

1 kleine Schalotte · ¹/₂ Knoblauchzehe · etwas Salz · etwas
Pfeffer aus der Mühle · ¹/₄ Bund
glattblättrige Petersilie

Für 1 Person
Zubereitungszeit: ca. 25 Min.
ca. 350 kcal je Portion

Spinatsalat mit Roquefort

- ⊕ leicht
- ⊖ preiswert
- ⊖ einfach
- ⊖ exotisch
- ⊖ Reste
- ⊕ schnell
- ⊖ low fat
- ⊕ Vitalstoffe

1 Die Spinatblätter putzen und eventuell von harten Stielen befreien. Die Tomaten über Kreuz einritzen, kurz überbrühen, abschrecken, enthäuten, halbieren, von den Kernen und den Stielansätzen befreien und klein schneiden.

2 Den Roquefort grob zerschneiden und mit einem Mixstab oder in einem Mixer mit der Milch fein pürieren. Den Essig dazugeben und unter ständigem Mixen das Olivenöl unterschlagen.

3 Die Schalotte und den Knoblauch schälen, fein hacken und unter das Roquefortdressing rühren. Alles mit Salz und Pfeffer abschmecken und erneut kurz durchmixen. Die Petersilie fein hacken.

4 Die Spinatblätter und die Tomatenstücke in eine Schüssel geben und das Dressing darunter mischen. Den Salat auf Tellern anrichten und mit der gehackten Petersilie bestreuen.

Variationen
Bereiten Sie diesen Salat statt mit Roquefort mit 1 in Filets geschnittenen Orange zu. Fangen Sie den Fruchtsaft, der beim Filetieren entsteht, auf und drücken Sie den verbliebenen Saft aus den Trennhäuten. Verzichten Sie auf einen Teil des Weinessigs und verwenden Sie stattdessen den Saft für die Salatsauce.

Gebratene Pilze mit Feldsalat

Zutaten

25 g Feldsalat · 1 kleine
Schalotte · 1 Radieschen

$^1/_2$ EL Weinessig · 1 EL Sonnenblumenöl · etwas Salz · 1 Prise
Zucker · etwas schwarzer Pfeffer
aus der Mühle

100 g Austernpilze

1 Scheibe Allgäuer Bergkäse ·
rosa Pfefferkörner, nach Belieben

Für 1 Person
Zubereitungszeit: ca. 30 Min.
ca. 360 kcal je Portion

leicht ❂
preiswert ❂
einfach ❂
exotisch ⊖
Reste ⊖
schnell ❂
low fat ⊖
Vitalstoffe ❂

1 Den Feldsalat waschen, putzen, trockentupfen und auf 1 Teller anrichten. Die
Schalotte schälen, in feine Würfel schneiden
und unter den Salat mischen. Das Radieschen waschen, putzen, in feine Scheiben
schneiden und ebenfalls auf dem Teller verteilen.

2 Aus dem Weinessig, $^1/_2$ EL Öl, 1 Prise
Salz, dem Zucker und dem Pfeffer eine
Marinade herstellen und den Feldsalat da-
mit beträufeln.

3 In einer Pfanne das restliche Öl erhitzen.
Die Austernpilze darin von allen Seiten
anbraten, etwa 5 Minuten garen und mit
Salz und Pfeffer würzen. Die noch heißen
Pilze zum Feldsalat geben.

4 Die Käsescheibe in kleine Quadrate
schneiden und mit Salat und den Pilzen
anrichten. Nach Belieben mit rosa Pfeffer-
körnern dekorieren.

Variation
Austernpilze sind das ganze
Jahr erhältlich. Haben Sie im
Herbst Gelegenheit, Steinpilze oder Pfifferlinge zu kaufen, bereiten Sie den Salat
mit diesen Pilzen zu.

Italienischer Brotsalat

- leicht
- preiswert
- einfach
- exotisch
- Reste
- schnell
- low fat
- Vitalstoffe

Zutaten

150 g altbackenes Toskanabrot oder Weißbrot

Etwas Salz · 1 EL Rotweinessig · 2 EL Olivenöl · ¹/₂ Knoblauchzehe

¹/₂ rote Zwiebel · ¹/₄ Bund frisches Basilikum

etwas schwarzer Pfeffer aus der Mühle

1 reife, feste Tomate

Für 1 Person
Zubereitungszeit: ca. 15 Min.
Zeit zum Ziehen: ca. 15 Min.
ca. 570 kcal je Portion

1 Das Brot grob in Scheiben schneiden und in einer Schüssel mit kaltem Wasser etwa 15 Minuten einweichen. Das Brot gut ausdrücken, in kleine Stücke teilen und in eine Salatschüssel geben.

2 Salz, Essig und Olivenöl zu einer Marinade verrühren. Die Knoblauchzehe schälen, hacken und hinzufügen.

3 Die Zwiebel schälen und in feine Ringe schneiden. Das Basilikum waschen, trockentupfen und bis auf ein paar Blättchen für die Garnierung grob zerzupfen.

4 Die Zwiebel und das Basilikum unter die Brotstücke heben und mit der Marinade übergießen. Den Brotsalat gut mischen und kräftig mit Pfeffer abschmecken.

5 Die Tomate waschen, den Stielansatz entfernen, das Fruchtfleisch in Spalten oder dünne Scheiben schneiden, leicht salzen und mit dem Salat anrichten. Mit Basilikumblättchen garnieren.

Tipps
Am besten schmeckt dieser Salat mit einem italienischen Weißbrot, z. B. einem Ciabatta. Sie können natürlich auch Brotreste jeder anderen Sorte verwenden.
Stellen Sie den Salat an heißen Sommertagen zum Ziehen in den Kühlschrank, so schmeckt er herrlich erfrischend.

Zutaten

50 g rote Linsen · etwas Salz ·
$^1/_4$ Salatgurke · 1 Tomate ·
$^1/_2$ gelbe Paprikaschote · 1 kleine
Schalotte · 1 Knoblauchzehe ·
$^1/_4$ Bund Pfefferminze

1 Zitrone · 3 EL Joghurt · $^1/_2$ TL
gemahlener Kreuzkümmel ·
etwas schwarzer Pfeffer aus der
Mühle

$^1/_2$ kleine, feste Aubergine ·
2 EL Maiskeimöl · 1 gehäufter EL
ungesalzene Pinienkerne · einige
Blätter Römischer Salat

Für 1 Person
Zubereitungszeit: ca. 30 Min.
Zeit zum Ziehen: ca. 15 Min.
ca. 520 kcal je Portion

Orientalischer Salat

1 Die Linsen in Salzwasser etwa 10 Minuten gar kochen. Inzwischen die Gurke in
dünne Scheiben, die Tomate in Stücke und
die Paprikaschote in feine Streifen schneiden. Schalotte und Knoblauchzehe fein
hacken. Die Pfefferminze, bis auf einige
Blättchen für die Garnierung, ebenfalls fein
hacken.

2 Die Zitrone auspressen und den Saft
mit dem Joghurt gut verrühren. Die gehackte Pfefferminze dazugeben und das
Dressing mit Kreuzkümmelpulver, Salz und
Pfeffer abschmecken. Alle Zutaten, außer
den Minzblättchen, zum Joghurtdressing
geben und alles etwa 15 Minuten ziehen
lassen.

3 Inzwischen die Aubergine in Scheiben
schneiden. Das Öl erhitzen und darin die
Auberginenscheiben anbraten, dann salzen
und pfeffern. Die Pinienkerne in einer Pfanne ohne Fettzugabe hellbraun rösten.

4 Den orientalischen Salat auf den Salatblättern anrichten und mit Pfefferminzblättchen, Auberginenscheiben und Pinienkernen garnieren.

leicht ○
preiswert ○
einfach ●
exotisch ●
Reste ●
schnell ○
low fat ○
Vitalstoffe ●

Restetipp
Kochen Sie 115 g Linsen und
bereiten Sie am nächsten
Tag die „Nudelsuppe mit roten Linsen" (siehe S. 27)
oder das „Linsencurry" (siehe S. 39) zu.

Zutaten

75 g kleine Hörnchen- oder Spi-
ralnudeln · etwas Salz

2 EL Maiskörner (aus der Dose) ·
30 g getrocknete Feigen

¹/₂ rote Paprikaschote ·
¹/₄ Bund Schnittlauch

2 EL Sahne · 1 EL Salatmayonnaise (50 % Fett) · etwas
schwarzer Pfeffer aus der
Mühle

Für 1 Person
Zubereitungszeit: ca. 20 Min.
ca. 620 kcal je Portion

Nudel-Mais-Salat mit Feigen

1 In einem Topf die Nudeln in reichlich Salzwasser nach Packungsanweisung bissfest kochen. In ein Sieb abgießen, unter fließendem kaltem Wasser abschrecken und gut abtropfen lassen.

2 Inzwischen den Mais abtropfen lassen und die getrockneten Feigen in kleine Würfel schneiden.

3 Die Paprikaschote waschen, vierteln, putzen und in schmale Streifen schneiden. Den Schnittlauch waschen, trocken-
tupfen und in Röllchen schneiden.

4 Die Sahne leicht schlagen, die Mayon-
naise und die Hälfte des Schnittlauchs unterrühren. Das Dressing mit Salz und Pfeffer abschmecken.

5 Die Nudeln und die Salatzutaten vermi-
schen, das Dressing darüber geben und alles mit dem restlichen Schnittlauch bestreuen.

- leicht
- **preiswert**
- **einfach**
- exotisch
- **Reste**
- **schnell**
- low fat
- Vitalstoffe

Variationen
Wer Fett sparen möchte, nimmt statt der süßen Sahne und der Salatmayonnaise 1 EL saure Sahne und 2 EL Magerjoghurt. Sie sollten dieses Dressing kräftig würzen.
Ersetzen Sie die getrockne-
ten Feigen durch 2 Gewürz-
gurken und die ¹/₂ Paprikaschote durch ¹/₂ rotschaligen Apfel.

Restetipp
Kochen Sie 175 g Pasta und verwenden Sie die restlichen 100 g am nächsten Tag für den „Blitz-
nudelauflauf" (siehe S. 47).

Kartoffelsalat mit Käsedressing

Zutaten

200 g Frühkartoffeln

1/2 Knoblauchzehe · 1 EL Walnussöl · 1/2 TL Obstessig · etwas Salz · etwas Zucker · etwas schwarzer Pfeffer aus der Mühle · 25 g Walnusskerne · 1–3 EL milde Gemüsebrühe (Instant)

100 g Staudensellerie · 25 g Gorgonzola

einige Zweige frische Minze Sellerieblätter

Für 1 Person
Zubereitungszeit: ca. 35 Min.
Zeit zum Ziehen: ca. 10 Min.
ca. 500 kcal je Portion

leicht ⊖
preiswert ⊖
einfach ⊕
exotisch ⊖
Reste ⊕
schnell ⊖
low fat ⊖
Vitalstoffe ⊕

1 Die Kartoffeln waschen und in wenig Wasser in etwa 20 Minuten gar kochen. Herausnehmen, schälen und je nach Größe halbieren oder vierteln.

2 Während die Kartoffeln garen, den Knoblauch schälen und mit Öl, Essig, je 1 Prise Salz und Zucker, etwas Pfeffer, der Hälfte der Nüsse und 1 EL Brühe mit dem Mixstab pürieren.

3 Die restlichen Nüsse grob hacken. Den Sellerie waschen, putzen und in feine Scheiben schneiden. Den Käse zerdrücken.

4 Die Minze waschen und trocknen, die Blättchen von den Stielen zupfen und in feine Streifen schneiden.

5 Die heißen Kartoffeln mit dem Dressing vermischen und Nüsse, Sellerie, Käse und Minzestreifen unterheben. Den Salat mit den Sellerieblättern garnieren und zugedeckt mindestens 10 Minuten ziehen lassen. Nochmals durchmischen und – falls der Salat zu trocken ist – mehr Gemüsebrühe zugeben. Eventuell nachwürzen.

Restetipp
Kochen Sie die doppelte Menge Kartoffeln. Sie können die Reste am nächsten Tag für die Zubereitung der „Kartoffeln mit scharfer Käsesauce" (siehe S. 44), des „Kartoffelcurrys mit Aprikosen" (siehe S. 51) oder des „Scharfen Mais-Kartoffel-Auflaufs" (siehe S. 55) verwenden. Für das letztgenannte Rezept benötigen Sie nur 150 g zusätzlich.

Warmer Schafskäse mit Gemüse

- ● leicht
- ● preiswert
- ● einfach
- ● exotisch
- ● Reste
- ● schnell
- ● low fat
- ● Vitalstoffe

Zutaten

1 gelbe Paprikaschote ·
2 Tomaten
1 rote Zwiebel · $1/2$ Knoblauchzehe
$1 1/2$ EL Olivenöl
$1/2$ TL Kräuter der Provence ·
$1/2$ TL Essigessenz (25 %) · etwas
Salz · etwas schwarzer Pfeffer
aus der Mühle · 1 EL Gemüsebrühe (Instant)
80 g Feta am Stück · einige
schwarze Oliven

Für 1 Person
Zubereitungszeit:
ca. 1 $1/4$ Std.
ca. 510 kcal je Portion

Kräuter der Provence
Diese Gewürzmischung enthält meist
Rosmarin, Thymian, Oregano, Basilikum und Salbei, aber auch Majoran
oder Bohnenkraut können enthalten
sein. Sie passt sehr gut zu Gemüse-
gerichten und Röstkartoffeln.

Restetipp
Bereiten Sie die doppelte
Menge Gemüse vor und ga-
ren Sie diese – in einer zweiten kleinen Auflaufform –
ebenfalls im Backofen. Stellen Sie das abgekühlte
Gemüse über Nacht in den
Kühlschrank und essen Sie
es am nächsten Tag mit etwas Fladenbrot als Salat.

1 Die Paprikaschote waschen, trockentupfen längs vierteln, vom Stielansatz befreien, entkernen und in kleine Stücke
schneiden. Die Tomaten waschen, trockentupfen, achteln und dabei von den Stielansätzen befreien.

2 Die Zwiebel schälen, halbieren und in
dünne Scheiben schneiden. Die Knoblauchzehe schälen und durchpressen. Den
Backofen auf 220 °C (Umluft 190 °C; Gas
Stufe 3–4) vorheizen.

3 Eine kleine, flache Auflaufform mit $1/2$ EL
Öl einfetten. Die Paprikaschotenstücke,
die Tomatenachtel und die Zwiebelringe
abwechselnd und versetzt in die Form
schichten.

4 Den Knoblauch mit den Kräutern der
Provence, Essigessenz, restlichem Öl,
Salz, Pfeffer und Gemüsebrühe verrühren.
Die Sauce über das Gemüse gießen. Die
Auflaufform mit Alufolie bedecken und
alles auf der mittleren Schiene im Ofen
etwa 45 Minuten garen.

5 Den Auflauf aus dem Ofen nehmen und
etwas abkühlen lassen. Inzwischen den
Feta in Stücke oder Streifen schneiden und
mit den Oliven auf dem Gemüse verteilen.
Alles nochmals mit Alufolie bedecken und
erneut etwa 10 Minuten im Backofen garen.

Zutaten

200 g gemischtes Gemüse
(z. B. Blumenkohl, grüne Bohnen,
Möhren, Auberginen, Paprika) ·
etwas Salz

1 Schalotte · 1 Knoblauchzehe ·
10 g Ingwer · 1 EL Sojaöl ·
1 TL Currypulver · 1 Prise Zucker ·
50 ml Gemüsebrühe (Instant)

50 g Naturjoghurt · ¼ TL Speisestärke · einige Minzeblättchen
nach Belieben

Für 1 Person
Zubereitungszeit: ca. 40 Min.
ca. 200 kcal je Portion

Gemüsecurry mit Joghurt

- leicht
- preiswert
- einfach
- exotisch
- Reste
- schnell
- low fat
- Vitalstoffe

1 Das Gemüse putzen, waschen, in mundgerechte Stücke schneiden und in einem Topf in wenig kochendem Salzwasser bissfest dünsten. Alles in einem Sieb gut abtropfen lassen.

2 Die Schalotte, den Knoblauch und den Ingwer schälen, fein hacken und alles vermischen. Das Öl in einer großen Pfanne erhitzen und darin die Zwiebelmischung unter Rühren anbraten. Currypulver und Zucker darauf streuen und die Brühe dazugießen.

3 Das vorgegarte Gemüse dazugeben und alles 2–3 Minuten kochen lassen. Den Joghurt mit der Speisestärke glatt rühren, zum Gemüse geben und alles noch einmal aufkochen lassen. Das Curry auf einem Teller anrichten und nach Belieben mit Minzeblättchen dekorieren.

Ingwer
Der Geschmack von frischem Ingwer ist sehr viel besser als der von getrocknetem. Kaufen Sie pralle Wurzeln mit unverletzter Haut. Fest in Alufolie gewickelt, können Sie auch angeschnittene Wurzeln lange Zeit im Kühlschrank aufbewahren. Ingwer verleiht Gerichten eine aromatische, pikant-scharfe Note.

Zutaten

130 g rote Linsen · etwas Salz ·
etwas schwarzer Pfeffer aus der
Mühle

3 Frühlingszwiebeln · 1 Knoblauchzehe · 1/2 rote Chilischote ·
1 rote Paprikaschote

1 EL Ghee oder Butterschmalz ·
je 1 Msp. Garam masala, gemahlener Kurkuma, Koriander und
Kreuzkümmel

Für 1 Person
Zubereitungszeit: ca. 30 Min.
ca. 520 kcal je Portion

Linsencurry

1 Die Linsen waschen, verlesen, in gut
125 ml kaltem Wasser aufsetzen, salzen
sowie pfeffern und zugedeckt etwa 8 Minuten nicht zu weich garen.

2 Inzwischen die Frühlingszwiebeln putzen,
waschen und in schräge Stücke und Ringe schneiden. Den Knoblauch schälen und
hacken. Die Chilischote entkernen, waschen
und in Ringe schneiden. Wenn man nicht
mit Haushaltshandschuhen arbeitet, danach
sofort die Hände waschen. Die Paprikaschote putzen, waschen und in feine Streifen
schneiden.

3 Das Ghee oder das Butterschmalz in einer breiten Pfanne erhitzen und Frühlingszwiebeln, Knoblauch, Chiliringe und
Paprikastreifen darin unter Rühren etwa
2 Minuten braten. Die Gewürze kurz mit
anschwitzen und dann die gekochten Linsen
mit der Flüssigkeit dazugeben. Alles noch
kurz verrühren und erhitzen, mit Salz und
Pfeffer abschmecken und heiß servieren.

leicht ⊕

preiswert ⊖

einfach ⊕

exotisch ⊕

Reste ⊕

schnell ⊕

low fat ⊕

Vitalstoffe ⊖

Restetipp
Kochen Sie 50 bzw. 65 g Lin-
sen zusätzlich und bereiten
Sie am nächsten Tag die
„Nudelsuppe mit roten Lin-
sen" (siehe S. 27) oder den
„Orientalischen Salat" (siehe
S. 33) zu.

Mexikanischer Reis

- **leicht**
- **preiswert**
- **einfach**
- exotisch
- **Reste**
- schnell
- **low fat**
- **Vitalstoffe**

Zutaten

450 g Fleischtomaten

1 kleine Zwiebel · 1 große Knoblauchzehe · 200 ml Gemüsebrühe
(Instant)

100 g Langkornreis

1 kleine Möhre · ¹/₂ grüne Paprikaschote

etwas Salz · etwas schwarzer
Pfeffer aus der Mühle · etwas
frisches Koriandergrün

```
Für 1 Person
Zubereitungszeit: ca. 45 Min.
ca. 490 kcal je Portion
```

1 Die Tomaten über Kreuz einritzen, kurz überbrühen, abschrecken, enthäuten, vierteln und die Stielansätze herausschneiden. Die Tomaten entkernen und das Fruchtfleisch grob würfeln.

2 Die Zwiebel und den Knoblauch schälen und hacken. Die Tomaten, die Zwiebel und den Knoblauch zusammen pürieren. Das Püree mit der Brühe in einen Topf geben und darin aufkochen lassen.

3 Den Reis in den Topf geben und ihn gut mit der Tomatenbrühe verrühren. Das Ganze zugedeckt bei schwacher Hitze etwa 10 Minuten garen.

4 Inzwischen die Möhre sowie die Paprikaschote putzen, waschen und klein würfeln. Die Gemüsewürfelchen unter den Reis mischen und alles noch etwa 10 Minuten garen.

5 Den Reis mit Salz und Pfeffer abschmecken und mit Koriandergrün bestreuen.

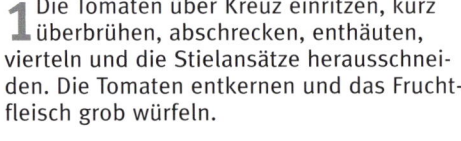

Restetipp
Überbrühen Sie 1 Tomate zusätzlich und verwenden Sie diese am nächsten Tag für den „Nudel-Gemüse-Eintopf" (siehe S. 48).

Zutaten

25 g feste Kokosnusscreme ·
75 ml Gemüsebrühe (Instant) ·
30 g Langkornreis

1 kleine Lauchstange · 1 kleine
Möhre

½ EL Öl · 5 g Ingwer · 1 EL Man-
delstifte · 1 Msp. gemahlener
Kreuzkümmel · 1 EL Rosinen

etwas Cayennepfeffer ·
etwas Salz · Minzeblättchen
nach Belieben

Für 1 Person
Zubereitungszeit: ca. 40 Min.
ca. 475 kcal je Portion

Indischer Kokosreis

1 Die Kokosnusscreme klein schneiden oder raspeln und mit der Gemüsebrühe in einem Topf aufkochen. Den Reis hineinstreuen und zugedeckt bei schwacher Hitze in knapp 20 Minuten gar kochen.

2 Inzwischen den Lauch und die Möhre putzen, waschen und beides in dünne, lange Streifen schneiden.

3 Das Öl in einer großen Pfanne erhitzen. Den Ingwer schälen und fein hacken. Den Ingwer und die Mandeln im heißen Öl unter Rühren anrösten. Das Gemüse einrühren und mit anbraten, dann den Kreuzkümmel und die Rosinen darunter mengen.

4 Den Reis dazugeben und alles unter Rühren einige Minuten braten. Vor dem Essen den Reis mit Cayennepfeffer und etwas Salz abschmecken und nach Belieben mit Minzeblättchen garnieren.

leicht ➕
preiswert ➕
einfach ➕
exotisch ➕
Reste ➖
schnell ➖
low fat ➖
Vitalstoffe ➖

Tipps
Kokosnusscreme erhalten Sie im Asienladen.
Rosinen werden häufig geschwefelt, um haltbarer zu bleiben. Daher vor dem Genuss waschen.

Kartoffelecken mit Zucchinisalat

- leicht
- preiswert
- einfach
- exotisch
- Reste
- schnell
- low fat
- Vitalstoffe

Zutaten

400 g Biokartoffeln · 1 1/2 EL Öl · etwas Salz

1/4 Bund Thymian · 1 Msp. Papri-kapulver · 1 Msp. Kreuzkümmel

100 g Zucchini · 1/2 rote Zwiebel · 1/4 Bund Koriandergrün

1/4 rote Chilischote

2 TL weißer Balsamessig · etwas weißer Pfeffer aus der Mühle · 1/2 TL Agavendicksaft (aus dem Reformhaus)

Für 1 Person
Zubereitungszeit: ca. 1 Std.
ca. 450 kcal je Portion

Restetipp
Backen Sie mit den Kartoffel-ecken zusätzlich 125 g kleine fest kochende Kartoffeln, die Sie halbieren und mit 1/2 EL Sesamsamen bestreuen. Ver-wenden Sie die Sesamkartof-feln am nächsten Tag für die Zubereitung des „Schmor-gurken-Pfifferling-Gemüses" (siehe S. 50).

1 Den Backofen auf 175 °C (Umluft 150 °C; Gas Stufe 2) vorheizen. Die Kartoffeln gründlich waschen, abbürsten und längs vierteln. Große Viertel quer halbieren. Die Kartoffeln mit etwas Öl bepinseln, salzen und auf ein Backblech legen.

2 Den Thymian waschen, trockentupfen und die Blättchen abzupfen. Die Hälfte beiseite stellen. Paprikapulver, Kreuzküm-mel und die Hälfte des Thymians mischen.

3 Die Kartoffeln mit der Würzmischung be-streuen und im heißen Backofen etwa 25 Minuten backen.

4 Die Zucchini waschen, putzen und in Scheiben schneiden. Die Zwiebeln schälen und fein würfeln. Das Koriander-grün waschen, trockentupfen und nach Be-lieben mit den feinen Stielen hacken. Die Zwiebel, den Koriander und den restlichen Thymian zu den Zucchini geben.

5 Die Chilischote waschen, längs auf-schlitzen, sorgfältig entkernen und fein würfeln. Wenn man nicht mit Haushalts-handschuhen arbeitet, danach sofort die Hände waschen. Die Chiliwürfel unter die Zucchinimischung heben.

6 Balsamessig, eine kräftige Prise Salz und Pfeffer in einer Schale verrühren. Das restliche Öl mit einem Schneebesen unter-schlagen. Alles mit dem Agavendicksaft leicht süßlich abschmecken und mit dem Zucchinisalat vermengen.

7 Die Kartoffeln wenden und weitere 10–15 Minuten backen, bis sie gar sind. Mit dem Zucchinisalat servieren.

Zutaten

Für die Kartoffeln
200 g fest kochende Kartoffeln ·
etwas Salz

Für die Sauce
1 große grüne Chilischote ·
25 g Frischkäse · 50 g Sahne ·
$^1/_2$ TL Kurkumapulver · 1 EL Olivenöl · etwas Salz · etwas
schwarzer Pfeffer aus der Mühle

Außerdem
$^1/_2$ rote Chilischote · $^1/_2$ EL Zitronensaft · Salz · schwarzer Pfeffer
aus der Mühle · 1 Schalotte · Basilikumblättchen nach Belieben

Für 1 Person
Zubereitungszeit: ca. 50 Min.
ca. 400 kcal je Portion

Kartoffeln mit scharfer Käsesauce

- leicht
- preiswert
- einfach
- exotisch
- Reste
- schnell
- low fat
- Vitalstoffe

1 Die Kartoffeln waschen, schälen, in dicke Scheiben schneiden und zugedeckt in etwa 250 ml leicht gesalzenem Wasser in knapp 15 Minuten kochen.

2 Inzwischen die rote Chilischote längs aufschlitzen und die Kerne entfernen. Das Fruchtfleisch waschen und in Ringe schneiden. Wenn man nicht mit Haushaltshandschuhen arbeitet, danach sofort die Hände waschen. Die Chilischote mit Zitronensaft, Salz und Pfeffer verrühren. Die Schalotte schälen, in Ringe schneiden und in der Zitronensauce marinieren.

3 Für die Sauce die grüne Chilischote längs aufschlitzen, entkernen und waschen. Das Fruchtfleisch grob hacken und mit dem Frischkäse, der Sahne und dem Kurkuma im Mixer pürieren.

4 Das Öl in einem Topf erhitzen. Die Käsesauce dazugießen und bei mittlerer Hitze unter Rühren etwa 5 Minuten köcheln lassen.

5 Die Kartoffeln abgießen, ausdampfen lassen und in eine Schüssel geben. Die Käsesauce mit Salz und Pfeffer abschmecken und auf die Kartoffeln gießen. Die Schalottenringe abtropfen lassen und darauf verteilen. Nach Belieben mit Basilikumblättchen bestreuen.

Restetipp
Kochen Sie 400 g Kartoffeln. Verwenden Sie die zweite Hälfte am nächsten Tag für den „Kartoffelsalat mit Käsedressing" (siehe S. 35), das „Kartoffelcurry mit Aprikosen" (siehe S. 51) oder den „Scharfen Mais-Kartoffel-Auflauf" (siehe S. 55). Für das letztgenannte Rezept brauchen Sie insgesamt nur 350 g.

Kartoffelpuffer mit Quark

Zutaten

150 g Kartoffeln · $^1/_2$ kleine Zwiebel

$^1/_2$ EL Mehl · 1 kleines frisches Ei · etwas Salz

2 EL Pflanzenöl

2 Radieschen · 25 g Salatgurke · 80 g Sahnequark · etwas weißer Pfeffer aus der Mühle

Für 1 Person
Zubereitungszeit: ca. 30 Min.
ca. 690 kcal je Portion

leicht ⊖
preiswert ⊕
einfach ⊕
exotisch ⊖
Reste ⊖
schnell ⊕
low fat ⊖
Vitalstoffe ⊕

1 Die Kartoffeln schälen und reiben. Die Zwiebel ebenfalls schälen und zu den Kartoffeln reiben.

2 Die Kartoffelmasse mit dem Mehl und dem Ei verrühren und dann mit Salz würzen.

3 Das Öl in einer Pfanne erhitzen und darin aus dem Kartoffelteig 2 Puffer backen und warm halten.

4 Die Radieschen putzen und waschen, die Gurke schälen, beides fein würfeln und unter den Quark rühren. Den Quark salzen und pfeffern.

5 Den Quark auf einem Kartoffelpuffer verteilen und mit dem zweiten Puffer bedecken.

Tipp
Dazu schmecken gemischte Blattsalate mit würziger Senf-vinaigrette.

Tagliatelle mit Brokkoli

- leicht
- preiswert
- einfach
- exotisch
- Reste
- schnell
- low fat
- Vitalstoffe

Zutaten

200 g Brokkoli

100 g Vollkorn-Tagliatelle ·
etwas Salz

$^1/_4$ Bund Schnittlauch

$^1/_2$ Knoblauchzehe · 5 g frischer
Ingwer

1 EL Sonnenblumenöl

1 Msp. Sambal Oelek · 1 EL
Weißweinessig · etwas schwarzer Pfeffer aus der Mühle ·
etwas Zucker · 2 TL dunkles
Sesamöl

Für 1 Person
Zubereitungszeit: ca. 30 Min.
ca. 530 kcal je Portion

1 Den Brokkoli putzen, waschen und in Röschen zerteilen. Die dicken Stiele schälen und in dünne Scheiben schneiden.

2 In einem Topf die Nudeln in reichlich Salzwasser nach Packungsanweisung bissfest kochen. 5 Minuten vor Ende der Garzeit den Brokkoli zu den Nudeln geben und alles aufkochen lassen. Zusammen zu Ende garen, abgießen und abtropfen lassen.

3 Den Schnittlauch waschen, trocken-tupfen und in Röllchen schneiden. Bei-seite stellen.

4 Die Knoblauchzehe schälen und den Ingwer dünn schälen. Beides fein hacken.

5 Das Öl in einem Wok (oder einer großen Pfanne) erhitzen und darin Ingwer und Knoblauch unter Rühren etwa 2 Minuten anbraten.

6 Die abgetropfte Nudel-Brokkoli-Mi-schung und Sambal Oelek in den Wok geben. Alles gut durchmischen und mit Weißweinessig, Salz, Pfeffer sowie einer kräftigen Prise Zucker abschmecken. Das Sesamöl über die Nudeln träufeln. Alles mit den Schnittlauchröllchen bestreuen.

Tipps
Brokkoli wird im Kühlschrank rasch welk, Sie sollten ihn daher bald nach dem Einkauf verarbeiten. Ersatzweise kön-nen Sie auch TK-Brokkoli ver-wenden.
Bestreuen Sie das Gericht zu-sätzlich mit Sesamsamen.

Zutaten

1 kleine rote Paprikaschote
100 g Gabelspaghetti ·
etwas Salz
80 g TK-Erbsen
$^1/_4$ Bund Schnitt-Knoblauch ·
$^1/_4$ Bund Petersilie
2 EL Maiskörner (a. d. Dose) ·
$^1/_2$ EL Öl
1 kleines frisches Ei · 4 EL Sahne ·
etwas Cayennepfeffer · 50 g Ziegengouda

Für 1 Person
Zubereitungszeit: ca. 30 Min.
ca. 990 kcal je Portion

Blitznudelauflauf

1 Den Backofen auf 250 °C (Umluft 220 °C; Gas Stufe 5) vorheizen. Inzwischen die Paprikaschote waschen, putzen und fein würfeln.

2 Die Gabelspaghetti in reichlich Salzwasser nach Packungsanweisung bissfest kochen.

3 Etwa 5 Minuten vor Ende der Garzeit der Spaghetti die Paprikaschote und die TK-Erbsen zu den Nudeln geben. Alles aufkochen lassen und fertig garen. Abgießen und sofort kalt abschrecken. Gut abtropfen lassen.

4 Die Kräuter waschen und trockentupfen. Den Schnitt-Knoblauch in etwa 1 cm lange Stücke schneiden, die Petersilie hacken.

5 Den Mais abtropfen lassen. Eine kleine Auflaufform mit dem Öl ausfetten. Den Mais und die Kräuter unter die Gabelspaghetti mischen und alles in der Form verteilen.

6 Das Ei und die Sahne verquirlen und kräftig mit Salz und Cayennepfeffer abschmecken. Die Eiersahne über die Nudeln gießen. Den Ziegengouda reiben und über die Nudeln streuen.

7 Die Form in den heißen Ofen schieben und etwa 10 Minuten überbacken, bis der Käse leicht zu bräunen beginnt.

Restetipp
Kochen Sie 75 g Nudeln zusätzlich und verwenden Sie diese am nächsten Tag für den „Nudel-Mais-Salat mit Feigen" (siehe S. 34).

leicht ⊖
preiswert ⊕
einfach ⊕
exotisch ⊖
Reste ⊕
schnell ⊕
low fat ⊖
Vitalstoffe ⊖

Nudel-Gemüse-Eintopf

○ leicht

● preiswert

○ einfach

○ exotisch

○ Reste

○ schnell

○ low fat

● Vitalstoffe

Zutaten

20 g Rucola · 1 Knoblauchzehe · 10 g Parmesan · etwas Salz · etwas schwarzer Pfeffer aus der Mühle · 1 ½ EL Olivenöl

1 Schalotte · 1 kleine Stange Lauch · 80 g Möhren · 150 g gelbe Zucchini

1 Zweig Petersilie · 1 Zweig Thymian · 1 Zweig Rosmarin · 1 Lorbeerblatt

1 kleine Tomate

375 ml Gemüsebrühe (Instant) · 80 g Nudeln (z.B. Spirelli oder Muscheln)

etwas Paprikapulver, edelsüß · 1 TL Tomatenmark

Für 1 Person
Zubereitungszeit:
ca. 1 ¼ Std.
ca. 650 kcal je Portion

Tipp

Bereiten Sie eine größere Menge Rucola-Pesto zu: Nehmen Sie dafür 80 g Rucola, 4 Knoblauchzehen, 40 g Parmesan und 4 EL Olivenöl. Bewahren Sie das Pesto in einem kleinen Glas mit Schraubverschluss im Kühlschrank auf. Sind alle Zutaten mit Öl bedeckt, hält es sehr lange. Sie können es für ein schnelles Spaghettigericht verwenden.

1 Für das Pesto den Rucola waschen, trockentupfen und grob hacken. Den Knoblauch schälen. Den Parmesan reiben. Den Rucola, ½ Knoblauchzehe und den Parmesan in ein hohes Gefäß geben. Alles mit Salz und Pfeffer würzen und pürieren. Während des Pürierens 1 EL Olivenöl hinzugießen.

2 Die Schalotte schälen und mit dem restlichen Knoblauch fein hacken. Den Lauch putzen, waschen und in Ringe schneiden. Die Möhren waschen, putzen und in ½ cm breite und 3 cm lange Streifen schneiden. Die Zucchini waschen, von Stiel- und Blütenansätzen befreien und ebenfalls stifteln.

3 Die Petersilie, den Thymian und den Rosmarin waschen, trockentupfen und mit dem Lorbeerblatt zusammenbinden.

4 Die Tomate über Kreuz einritzen, kurz überbrühen, abschrecken, enthäuten, vierteln und entkernen. Das Fruchtfleisch in kleine Würfel schneiden.

5 Das restliche Öl in einem großen Topf erhitzen und darin Schalotte, Knoblauch und Lauch andünsten. Die Brühe hinzugießen. Die Möhren- sowie die Zucchinistifte und die Kräuter dazugeben und alles bei mittlerer Hitze etwa 5 Minuten kochen. Die Nudeln hinzufügen und weitere 10 Minuten garen.

6 Die Tomatenwürfel in der Suppe erwärmen und das Lorbeerblatt entfernen. Den Eintopf kräftig mit Salz, Pfeffer, Paprika und Tomatenmark abschmecken, in einem tiefen Teller anrichten und mit 1 großen EL Pesto garnieren.

Zutaten

125 g kleine fest kochende Kartoffeln · ¹/₂ EL Sesamsamen (ungeschält)

100 g frische Pfifferlinge · 200 g Schmorgurken · 1 kleine Schalotte · 1 TL Butter

etwas Salz · etwas schwarzer Pfeffer aus der Mühle · 1 TL getrockneter Majoran

30 g deutscher Butterkäse · ¹/₄ Bund Dill · einige Majoranzweige nach Belieben

Für 1 Person
Zubereitungszeit: ca. 1 Std.
ca. 310 kcal je Portion

Schmorgurken-Pfifferling-Gemüse

- ⊕ leicht
- ⊖ preiswert
- ⊕ einfach
- ⊖ exotisch
- ⊖ Reste
- ⊖ schnell
- ⊕ low fat
- ⊕ Vitalstoffe

1 Die Kartoffeln unter fließendem Wasser gut abbürsten, längs halbieren und auf ein Backblech setzen. Mit Sesam bestreuen und im Backofen bei 225 °C (Umluft 200 °C; Gas Stufe 4) etwa 45 Minuten backen.

2 Die Pfifferlinge gründlich waschen und putzen. Die Schmorgurken in Stücke schneiden. Die Schalotte würfeln. In einem Topf die Butter erhitzen und darin die Schalottenwürfel glasig dünsten.

3 Die Pfifferlinge und die Schmorgurken hinzufügen und alles etwa 10 Minuten schmoren lassen. Mit wenig Salz, reichlich Pfeffer und Majoran abschmecken.

4 Den Butterkäse würfeln, untermischen und den Deckel auflegen. Den Käse schmelzen lassen. Den Dill abspülen, trockentupfen, hacken und über das Gemüse streuen. Das Gemüse mit den Sesam-Kartoffeln anrichten und nach Belieben mit etwas Majoran garnieren.

Variation
Ersetzen Sie die Pfifferlinge durch Steinpilze und die Schmorgurken durch Zucchini.

Zutaten

200 g Kartoffeln · etwas Salz

1 kleine rote Paprikaschote ·
100 g Aprikosen

2 Frühlingszwiebeln · ¹/₂ rote
Zwiebel

1 EL Butterschmalz · ¹/₂ EL mil-
des Currypulver · ¹/₂ EL Mehl ·
100 ml Gemüsebrühe (Instant) ·
50 g Sahne · etwas weißer Pfeffer aus der Mühle

¹/₄ Bund Petersilie

Für 1 Person
Zubereitungszeit: ca. 1 Std.
ca. 470 kcal je Portion

Kartoffelcurry mit Aprikosen

1 Die Kartoffeln schälen, grob würfeln und in einem Topf etwa 20 Minuten in Salzwasser kochen. Die Kartoffeln abgießen und abtropfen lassen.

2 Inzwischen die Paprikaschote waschen, putzen, und in mundgerechte Stücke schneiden. Die Aprikosen mit kochendem Wasser überbrühen, kalt abschrecken und enthäuten. Die Früchte entkernen und achteln.

3 Die Frühlingszwiebeln waschen, putzen und in etwa 3 cm lange Stücke schneiden. Die rote Zwiebel schälen und fein würfeln.

4 In einem Topf ¹/₂ EL Butterschmalz erhitzen und darin die rote Zwiebel glasig braten. Curry und Mehl zugeben und alles unter Rühren etwa 2 Minuten rösten. Die Gemüsebrühe zugeben und aufkochen lassen. Alles bei schwacher Hitze etwa 5 Minuten köcheln lassen. Die Sahne zugeben und die Sauce mit Salz und Pfeffer abschmecken.

5 Das restliche Butterschmalz in einem Wok oder in einer großen Pfanne erhitzen. Paprika und Frühlingszwiebeln darin bei mittlerer Hitze unter Rühren etwa 5 Minuten braten. Kartoffeln, Aprikosen und Currysauce zugeben und erhitzen.

6 Die Petersilie waschen, trockentupfen, grob hacken und über das Kartoffelcurry geben.

leicht ⊕

preiswert ⊕

einfach ⊕

exotisch ⊖

Reste ⊕

schnell ⊖

low fat ⊖

Vitalstoffe ⊕

Restetipp
Kochen Sie die doppelte Menge Kartoffeln und verwenden Sie den Rest am folgenden Tag für den „Kartoffelsalat mit Käsedressing" (siehe S. 51) oder den „Scharfen Mais-Kartoffel-Auflauf" (siehe S. 55). Für das letztgenannte Rezept benötigen Sie nur 150 g zusätzlich.

Pikanter Spargel im Tortillamantel

Zutaten

250 g weißer oder grüner Spargel

$1/2$ kleine rote Paprikaschote · 2 Frühlingszwiebeln · $1/4$ Bund Koriandergrün

1 EL Sonnenblumenöl · 1 TL frisch geriebener Ingwer · etwas Salz · etwas schwarzer Pfeffer aus der Mühle

1 EL Cashewnuss-Mus · 1 EL süße Sojasauce

1 Kurkuma-Tortilla · 2–3 Blätter grüner Salat

Für 1 Person
Zubereitungszeit: ca. 45 Min.
ca. 505 kcal je Portion

1 Den Spargel dünn schälen und die Enden abschneiden. Grünen Spargel nur im unteren Drittel schälen. Den Spargel mit einem Gemüsehobel schräg in dünne Scheiben schneiden.

2 Die Paprikaschote waschen, putzen und vierteln. Die Viertel quer in dünne Streifen schneiden. Die Frühlingszwiebeln putzen, waschen und schräg in Ringe schneiden, den weißen Teil vorher längs halbieren. Das Koriandergrün waschen, trockentupfen und hacken.

3 Das Öl im Wok oder in einer großen Pfanne erhitzen. Den Spargel und die Paprika darin unter Rühren etwa 5 Minuten braten. Die Frühlingszwiebeln und den Ingwer zufügen und 2 Minuten mitbraten. Mit Salz und Pfeffer abschmecken.

4 Für die Sauce das Nussmus, die Sojasauce und 1 EL heißes Wasser mit dem Schneidestab eines Handrührgeräts aufschlagen.

5 Die Tortilla erwärmen. Den Salat waschen, trockentupfen und auf die Tortilla legen. Den Koriander zum Spargel geben und auf den Tortillas verteilen. Die Sauce darüber geben und die Tortillas zusammenrollen. Sofort servieren.

Variation
Servieren Sie das Gemüse in einem Crêpe statt in der Tortilla. Dafür 30 g Mehl mit 1 Prise Salz mischen und mit 1 Eigelb verrühren. Nach und nach je 2 EL Milch und Wasser darunter rühren. Eine große, beschichtete Pfanne mit etwas Öl auspinseln und den Crêpe darin etwa 2 Minuten goldgelb backen, dann vorsichtig wenden und von der anderen Seite ebenfalls goldgelb backen.

Zutaten

250 g Spinat

$^1/_2$ Bund Dill · etwas Salz · etwas schwarzer Pfeffer aus der Mühle

1 TL weiche Butter

60 g Quark · 1 frisches Ei · 1 $^1/_2$ EL Mehl · je 40 g Schafs- käse, Butterkäse und mittelalter Gouda oder Cheddar

Für 1 Person
Zubereitungszeit:
ca. 1 $^1/_2$ Std.
ca. 860 kcal je Portion

Spinatauflauf mit dreierlei Käse

- leicht
- preiswert
- + einfach
- exotisch
- + Reste
- schnell
- low fat
- + Vitalstoffe

1 Den Spinat gut waschen, verlesen und grobe Stiele entfernen. Den Spinat tropf- nass in einen großen Topf geben und zu- gedeckt bei mittlerer Hitze etwa 3 Minuten garen und zusammenfallen lassen.

2 Den Spinat in einem Sieb gut abtropfen lassen, zusätzlich etwas Feuchtigkeit mit einem Löffel herausdrücken. Den Spinat dann hacken.

3 Den Dill waschen, trockentupfen, hacken und unter den Spinat mischen. Alles mit Salz und Pfeffer abschmecken.

4 Den Backofen auf 175 °C (Umluft 150 °C; Gas Stufe 2) vorheizen. Eine kleine Auf- laufform gut mit der Butter einpinseln.

5 In einer großen Schüssel den Quark mit dem Ei und dem Mehl verquirlen. Den Käse reiben und mit dem Spinat unter den Quark rühren. Die Spinatmasse in die Form umfüllen und den Spinatauflauf auf der mittleren Schiene im Ofen etwa 50 Minuten backen.

Restetipp
Kaufen Sie 400 g Spinat und bereiten Sie alles küchenfer- tig vor. Bewahren Sie 150 g Spinat in einem Plastikbeutel im Gemüsefach des Kühl- schranks auf und verwenden Sie ihn am nächsten Tag für die Zubereitung des „Spinat- salats mit Roquefort" (siehe S. 30).

Scharfer Mais-Kartoffel-Auflauf

1 Die Kartoffeln waschen, gut abbürsten und in wenig Salzwasser zugedeckt in etwa 20 Minuten gar kochen.

2 Das Ei anstechen, in wenig kochendes Wasser legen und zugedeckt in etwa 8 Minuten hart kochen.

3 Die Oliven entsteinen. Die Chilischote längs aufschlitzen. Die Kerne sowie die Stielansätze entfernen, die Schote waschen und in feine Ringe schneiden. Wenn man nicht mit Haushaltshandschuhen arbeitet, danach sofort die Hände waschen.

4 Die Zwiebel schälen und klein würfeln. Das Öl in einer großen Pfanne erhitzen und darin die Zwiebel glasig dünsten. Die Chiliringe und die Oliven dazugeben und bei mittlerer Hitze braten.

5 Inzwischen den Mais in einem Sieb abtropfen lassen und ebenfalls in die Pfanne geben. Alles erwärmen und mit Salz, Pfeffer und Zitronensaft abschmecken. Die Pfanne von der Herdplatte ziehen.

6 Die Kartoffeln abgießen, etwas abkühlen lassen, schälen und in Scheiben schneiden. Das Ei kalt abschrecken, pellen und ebenfalls in Scheiben schneiden. Den Käse reiben.

7 Den Backofen auf 200 °C (Umluft 170 °C; Gas Stufe 3) vorheizen. Eine kleine Auflaufform einfetten. Die Hälfte der Kartoffeln in die Form geben, die Hälfte des Käses einschichten und die restlichen Kartoffeln und den Mais einschichten. Die Eierscheiben darauf legen und den restlichen Käse darüber streuen.

8 Den Auflauf auf der mittleren Schiene im Ofen in etwa 30 Minuten goldbraun überbacken.

Zutaten

150 g fest kochende Kartoffeln · etwas Salz

1 großes frisches Ei

25 g schwarze Oliven · 1 kleine rote Chilischote

1 kleine Zwiebel · 1 EL Olivenöl

$^1/_2$ Dose Maiskörner (280 g Abtropfgewicht) · etwas schwarzer Pfeffer aus der Mühle · $^1/_2$–1 EL Zitronensaft

50 g Cheddar

Olivenöl für die Form

leicht ⊖
preiswert ⊕
einfach ⊕
exotisch ⊕
Reste ⊕
schnell ⊖
low fat ⊖
Vitalstoffe ⊖

Für 1 Person
Zubereitungszeit:
ca. 1 $^1/_4$ Std.
ca. 780 kcal je Portion

Farfalle mit Pilzsauce

- leicht
- preiswert
- **einfach**
- exotisch
- Reste
- schnell
- low fat
- **Vitalstoffe**

Zutaten

5 g getrocknete Steinpilze
100 g Champignons
2 Frühlingszwiebeln
100 g Farfalle · etwas Salz
1 EL Butter · 4 EL Sahne
etwas schwarzer Pfeffer aus der
Mühle

Für 1 Person
Zubereitungszeit: ca. 30 Min.
Einweichzeit: ca. 30 Min.
ca. 650 kcal je Portion

1 Die Steinpilze hacken und in 50 ml warmem Wasser etwa 30 Minuten einweichen lassen.

2 Die Champignons mit einer Küchenbürste oder mit Küchenkrepp säubern – nicht waschen, sonst saugen sich die Pilze mit Wasser voll. Die Champignons in Scheiben schneiden.

3 Die Frühlingszwiebeln waschen und den weißen Teil würfeln. Das Grün in feine Ringe schneiden.

4 Die Nudeln in reichlich Salzwasser nach Packungsanweisung bissfest kochen. Abgießen und gut abtropfen lassen.

5 Inzwischen die Butter erhitzen und die Champignons darin kräftig anbraten. Die Frühlingszwiebelwürfel zugeben und etwa 2 Minuten mitbraten. Die Sahne, die Steinpilze und das durchgesiebte Einweichwasser der Steinpilze hinzugeben.

6 Alles ohne Deckel bei mittlerer Hitze etwa 10 Minuten kochen lassen. Mit Salz und Pfeffer abschmecken und mit dem Frühlingszwiebelgrün bestreuen. Die Pilzsauce mit den Nudeln anrichten.

Variation Bereiten Sie dieses Gericht im Herbst mit 150 g frischen Steinpilzen zu.

Zutaten

100 g Spaghettini · etwas Salz

1 kleine Schalotte · 2 kleine Möhren · ½ EL Butter

50 ml Gemüsebrühe (Instant) · 1 EL Crème fraîche · 1 Msp. Cayennepfeffer

¼ Bund Basilikum

60 g Zucchini · 1 frisches Ei · etwas schwarzer Pfeffer aus der Mühle

1 EL Butterschmalz

Für 1 Person
Zubereitungszeit: ca. 40 Min.
ca. 690 kcal je Portion

Nudelrösti mit Möhrensauce

1 Die Spaghettini einmal durchbrechen und in einem großen Topf in reichlich Salzwasser nach Packungsanweisung bissfest kochen. Die Spaghettini abgießen und gut abtropfen lassen.

2 Die Schalotte schälen und würfeln. Die Möhren waschen, putzen und in Stücke schneiden. Die Butter in einem Topf zerlassen und darin Schalotte und Möhren anbraten.

3 Die Gemüsebrühe zugießen und alles zugedeckt bei schwacher Hitze 10–15 Minuten weich garen. Die Möhren mit dem Stabmixer pürieren. Die Crème fraîche unterrühren und die Sauce mit Salz und Cayennepfeffer abschmecken.

4 Das Basilikum waschen, trockentupfen, die Blättchen hacken und unter die Möhrensauce heben.

5 Den Backofen auf 75 °C (Umluft 45 °C; Gas Stufe 1) vorheizen. Die Zucchini waschen, putzen und auf der groben Seite der Rohkostreibe reiben. Das Ei verquirlen und mit den Spaghettini und den Zucchinistücken mischen. Alles salzen und pfeffern.

6 Das Butterschmalz portionsweise in einer beschichteten Pfanne erhitzen und nacheinander darin etwa 3 kleine Rösti backen. Die fertigen Rösti im Backofen auf einem mit Küchenkrepp ausgelegten Backblech warm halten. Die Nudelrösti mit der Möhrensauce servieren.

leicht ⊖

preiswert ⊕

einfach ⊖

exotisch ⊖

Reste ⊕

schnell ⊖

low fat ⊖

Vitalstoffe ⊕

Restetipp
Braten Sie die doppelte Menge Rösti, bereiten Sie am nächsten Tag die „Kerbel-Radieschen-Creme" (siehe S. 17) zu und essen Sie diese zu den kalten Rösti. Dazu passt ein frischer grüner Salat mit Vinaigrette oder ein Glas Gemüsesaft.

Penne mit Tomaten-Paprika-Sauce

- ● leicht
- ● preiswert
- ○ einfach
- ○ exotisch
- ○ Reste
- ○ schnell
- ● low fat
- ● Vitalstoffe

Zutaten

1 kleine rote Paprikaschote ·
100 g reife Tomaten

$^{1}/_{4}$ Bund Koriandergrün ·
1 EL Olivenöl · etwas Salz ·
etwas schwarzer Pfeffer aus der
Mühle · etwas Zucker

100 g Penne

Für 1 Person
Zubereitungszeit: ca. 50 Min.
ca. 510 kcal je Portion

1 Den Backofengrill vorheizen. Die Paprikaschote halbieren, entkernen und mit der Hautseite nach oben unter den Grill legen. Die Tomaten ganz lassen und ebenfalls unter den Grill legen. Das Gemüse etwa 10 Minuten rösten, bis die Haut schwarz ist und Blasen wirft, dabei die Tomaten mehrfach wenden.

2 Das Gemüse aus dem Ofen nehmen und etwas abkühlen lassen. Die Paprikaschote für einige Minuten in einen Gefrierbeutel geben, damit sich die Haut leichter abziehen lässt. Die Tomaten und die Paprikaschote enthäuten und fein hacken.

3 Das Koriandergrün waschen, trockentupfen und hacken. Einen kleinen Teil davon für die Garnierung zurückbehalten, den Rest mit Tomaten, Paprika und Olivenöl vermischen. Die Sauce mit Salz, Pfeffer und etwas Zucker pikant abschmecken.

4 Die Penne in reichlich Salzwasser nach Packungsanweisung bissfest garen. Abgießen, abtropfen lassen und in eine vorgewärmte Schüssel füllen. Die Sauce darüber gießen und das Gericht mit dem zurückgelegten Koriandergrün garnieren.

Restetipp
Rösten Sie gleich die doppelte Menge Gemüse im Backofen und enthäuten es. Am nächsten Tag können Sie Gemüse-Antipasti genießen: Paprika und Tomaten in Stücke schneiden, auf einen flachen Teller legen, leicht salzen, mit Pfeffer bestreuen und mit Olivenöl beträufeln. Nach Wunsch noch frische Kräuter, z. B. Petersilie oder Basilikum, oder gewürfelten Feta darauf streuen.

Zutaten

1 Schalotte · 1 EL Butter ·
1 EL Olivenöl · 60 g Risottoreis
3 EL trockener Weißwein ·
125 ml Gemüsebrühe (Instant)
50 g Rucola oder Spinat ·
$^1/_4$ Bund gemischte Kräuter ·
1 EL Pinienkerne
etwas Salz · etwas schwarzer
Pfeffer aus der Mühle
1 EL frisch geriebener Pecorino

Für 1 Person
Zubereitungszeit: ca. 40 Min.
ca. 480 kcal je Portion

Kräuterrisotto

- ● leicht
- ● preiswert
- ● einfach
- ● exotisch
- ● Reste
- ● schnell
- ● low fat
- ● Vitalstoffe

1 Die Schalotte schälen und klein würfeln. In einem Topf die Butter sowie das Öl leicht erhitzen und darin die Zwiebelwürfel glasig dünsten. Den Reis einrühren, bis die Körnchen von einem Fettfilm überzogen sind.

2 Nach und nach zuerst den Wein und später die Brühe zum Reis gießen. Dabei sollte der Reis die Flüssigkeit stets angenommen haben, bevor die nächste Portion dazugegossen wird.

3 Inzwischen den Rucola oder den Spinat sowie die Kräuter waschen, verlesen und grob hacken. Die Pinienkerne in einer Pfanne ohne Fettzugabe rösten.

4 Den Rucola oder den Spinat und die Kräuter unter den fast fertigen Reis rühren. Alles mit Salz sowie Pfeffer würzen und noch einige Minuten bei schwacher Hitze garen.

5 Den Reis abschmecken, mit den gerösteten Pinienkernen und mit dem Pecorino bestreut anrichten.

Tipps
Ein Risotto sollte weich und saftig, die Reiskörner innen aber noch bissfest sein. Wichtig fürs Gelingen ist der richtige Reis: Am besten nimmt man italienischen Rundkornreis wie Vialone oder Arborio.
Der Reis wird immer ungewaschen in den Topf gegeben, damit das Risotto durch die Stärke schön sämig wird.

Rote-Bete-Risotto

Zutaten

1 kleine Schalotte · $\frac{1}{2}$ EL Butter ·
50 g Risottoreis (z. B. Arborio
oder Vialone) · 225 ml Gemüsebrühe (Instant)

100 g rohe Rote Beten

1 EL gehackte glattblättrige
Petersilie · 2 EL Sahne · etwas
Salz · etwas schwarzer Pfeffer
aus der Mühle · Basilikumblättchen nach Belieben

Für 1 Person
Zubereitungszeit: ca. 35 Min.
ca. 360 kcal je Portion

leicht ⊕

preiswert ⊕

einfach ⊕

exotisch ⊖

Reste ⊖

schnell ⊖

low fat ⊕

Vitalstoffe ⊕

1 Die Schalotte schälen und fein hacken. Die Butter in einem Topf erhitzen und darin die Schalottenstücke andünsten. Den Reis dazugeben und etwa 3 Minuten dünsten. Die Gemüsebrühe dazugeben.

2 Die Roten Beten schälen und mit einer Küchenreibe direkt in den Reis reiben. Den Risotto etwa 25 Minuten zugedeckt bei mittlerer Hitze köcheln lassen, dabei ab und zu umrühren. Eventuell noch wenig Flüssigkeit dazugeben.

3 Die Petersilie sowie die Sahne unter den Risotto ziehen. Das Gericht mit Salz und Pfeffer abschmecken und nach Belieben mit Basilikum garniert anrichten.

Variationen

Für Risotto eignen sich alle Gemüsesorten und Pilze, zum Verfeinern nimmt man etwas Butter, geriebenen Käse oder Kräuter nach Wahl. Feste Gemüsesorten wie Fenchel, Kürbis, Möhren und Erbsen dünstet man mit der Zwiebel im Fett an, bevor man den Reis zugibt. Möchte man das Risotto mit Blattgemüse wie Spinat, Rucola oder Radicchio oder Gemüsesorten mit weicher Konsistenz wie Tomaten zubereiten, fügt man diese erst einige Minuten vor Ende der Reis-Garzeit hinzu.

Alphabetisches Rezeptverzeichnis

Rezeptverzeichnis nach Kapiteln

Im FALKEN Verlag sind zahlreiche Titel zum Thema „Essen und Trinken" erschienen.

Sie erhalten sie überall dort, wo es Bücher gibt.

Sie finden uns im Internet: **www.falken.de**

Dieses Buch wurde auf chlorfrei gebleichtem und säurefreiem Papier gedruckt.

Der Text dieses Buches entspricht den Regeln der neuen deutschen Rechtschreibung.

Impressum

Umschlagkonzeption: Martina Eisele, München
Umschlaggestaltung: Digital Design GmbH Borgers, Hünstetten
Layout: Johannes Steil, Wiesbaden
Redaktion: Dirk Katzschmann und Olaf Rappold (red.sign, Stuttgart)
Koordination und Schlussredaktion: Elly Lämmlen (FALKEN Verlag)
Herstellung: Ramona Burkart (FALKEN Verlag) und red.sign, Stuttgart
Weitere Fotos auf dem Umschlag: Die Bilder auf der Umschlaginnenseite vorne wurden dem FALKEN Verlag freundlicherweise von der Herausgeberin und dem Fotografen zur Verfügung gestellt. FALKEN Archiv, Niedernhausen: M. Brauner: Umschlagklappe, hinten, innen, li. o., li. M., li. u./W. Feiler: re. o., re. M. und re. u.

Rezeptfotos und weitere Fotos im Innenteil: Damir Begovic, Hamburg; Falken Archiv, Niedernhausen: W. Feiler: S. 54
Satz: red.sign, Stuttgart
Reproduktion: Lithotronic, Frankfurt
Druck: Druckhaus Cramer, Greven

817 2635 4453 6271

ISBN 3 8068 2832 6

© 2001 by FALKEN Verlag in der Verlagsgruppe FALKEN/Mosaik, einem Unternehmen der Verlagsgruppe Random House GmbH, 65527 Niedernhausen/Ts.